JN144609

文芸研の授業シリーズ②

一つの花

著者：辻　恵子
編集：『文芸研の授業シリーズ』編集委員会

新読書社

はじめに

『文芸研の授業シリーズ』刊行にあたって

活動中心の授業が推奨されることが多くなり、発表会やペープサート、リーフレットや図鑑づくりを単元のゴールに設定した国語の授業が増えています。文芸教材や説明文教材を読むことが、別の目的（言語活動）のための「動機づけ」のように扱われることもあります。さらに、文章全体を大まかに把握して要約する力を問うような全国学力テストの出題が、その傾向に拍車をかけています。どのような活動を仕組むかということばかりに授業づくりの関心が向けば、教材研究は表層的なものになり、中身の薄い授業になってしまいます。活動の「楽しさ」ばかりが追求され、教材を読むことの「おもしろさ」が言語活動の背後に押しやられている現状に危惧を感じている先生方も多くいらっしゃるのではないでしょうか。

本書『文芸研の授業シリーズ』は、各巻の執筆を私ども文芸教育研究協議会（文芸研）の会員が担当し、一つの教材の何を、どう授業するか、すなわち教材分析・解釈と授業の実際をわかりやすくお示ししています。

一「教材をどう読むのか」では、教材の特質をふまえた詳細な分析を述べています。

二「この教材でどんな力を育てるか」では、子どもたちにどのような「ものの見方・考え方」を育てるか、どのような「人間の真実」や「ものごとの本質」を認識させたいかという教師の「ねらい」を示しています。一と二により、この教材の何をこそ授業するのかということが明確になります。「教師の読み」が明確になり、豊かで深いものになれば、実際の授業における子どもたちの多様な読みを意味づけ、授業の流れの中に生かしていくことも可能となるのです。子どもたちの主体的で深い学びを実現するためには、まずは教師による深い教材研究が必要なのです。

また、三「この教材をどう授業するか」では、毎時間の授業構想と板書計画を紹介しています。見開きページに一時間分がまとめてありますので、授業に慣れていない若い先生方に参考にしていただけるものと思います。もちろん学級の実態によって授業の内容は変化していくものですから、四「授業の実際」の記録と見比べながら、ご自身の学級の子どもたちにとって価値のある授業を模索していただければ幸いです。

子どもたちに人間やものごとの本質を認識・表現する力を育てたいと願う先生、生きてはたらく「ものの見方・考え方」を身につけさせたいと願う先生、豊かな人間観・世界観を培いたいと願う先生、そして何より真に「なるほど」「おもしろい」と感じられる国語の授業を求める子どもたちのために、本書が少しでもお役に立てれば幸いです。

本シリーズの刊行にあたって、新読書社・伊集院郁夫氏には企画の段階から的確なアドバイスをいただいて参りました。記して感謝申し上げます。

二〇一六年七月

文芸教育研究協議会
『文芸研の授業シリーズ』編集委員会

目次

一

教材をどう読むのか

1　作品の構造

（1）作品の構造

●最大の特質は《外の目》から

この「一つの花」の最大の特質は、話者が一貫して《外の目》からゆみ子一家を語っていることにあります。どの人物（お父さん、お母さん、ゆみ子）の側にも立たず、目と心によりそうことも重なることもありません。

●目撃者体験をしっかりと

そして、その語り口は、抑制がきいており、淡々としています。決して激しく怒りを述べたり、悲しみを強く訴えたりはしていないのです。ただ、時々「～のでした」「～でしょうか」とやりきれない思いをにじませたり、〈いよいよ汽車が入ってくるという時になっ

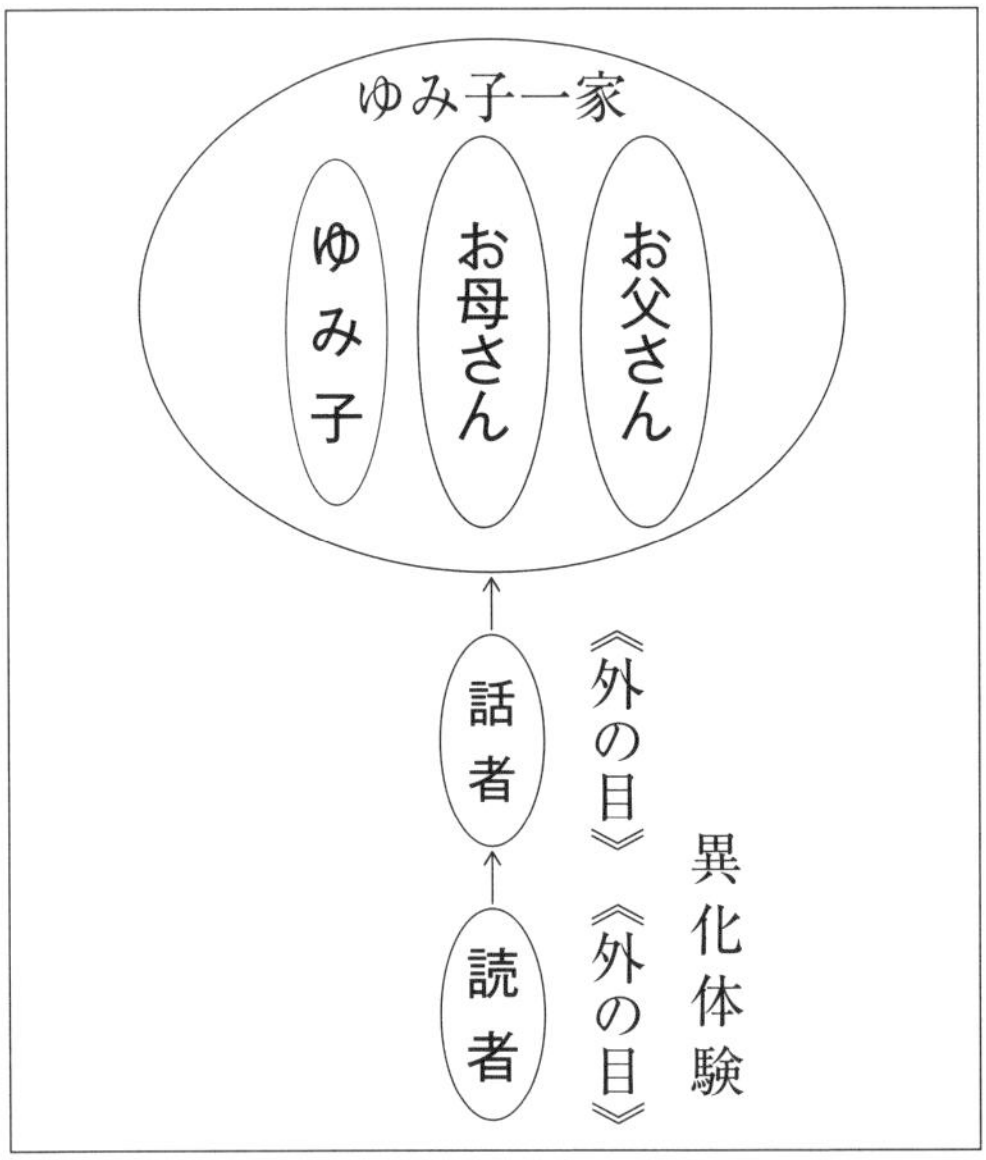

て〉とあって、ああ、こんな時に困ったことだと嘆いたりする、そんな話者（話者も人物です）の語り方なのです。

そのため読者も、ゆみ子一家を外から見て、切なくてやりきれない目撃者体験をすることになります（これを《異化体験》といいます）。いかにもどかしくても、見守るしかない切実なこの体験をもとに、戦争の本質と、人間の真実を学んでいくことができるのです。

（2）題名

●仕掛のある題

花ならばふつうは「一輪の花」というところを、「一つの花」といわれると、なぜだろう、何か意味があるのかなと気になります。何気ないようでいて、興味関心を引く仕掛のある題名です。

●何を象徴しているか

読み進めていくと〈わすれられたようにさいていたコスモスの花〉という比喩表現が出てきます。花どころではなく、日常の中から美しいものや音楽や絵などの芸術が否定された戦時下だと考えると、この花は忘れられ否定された

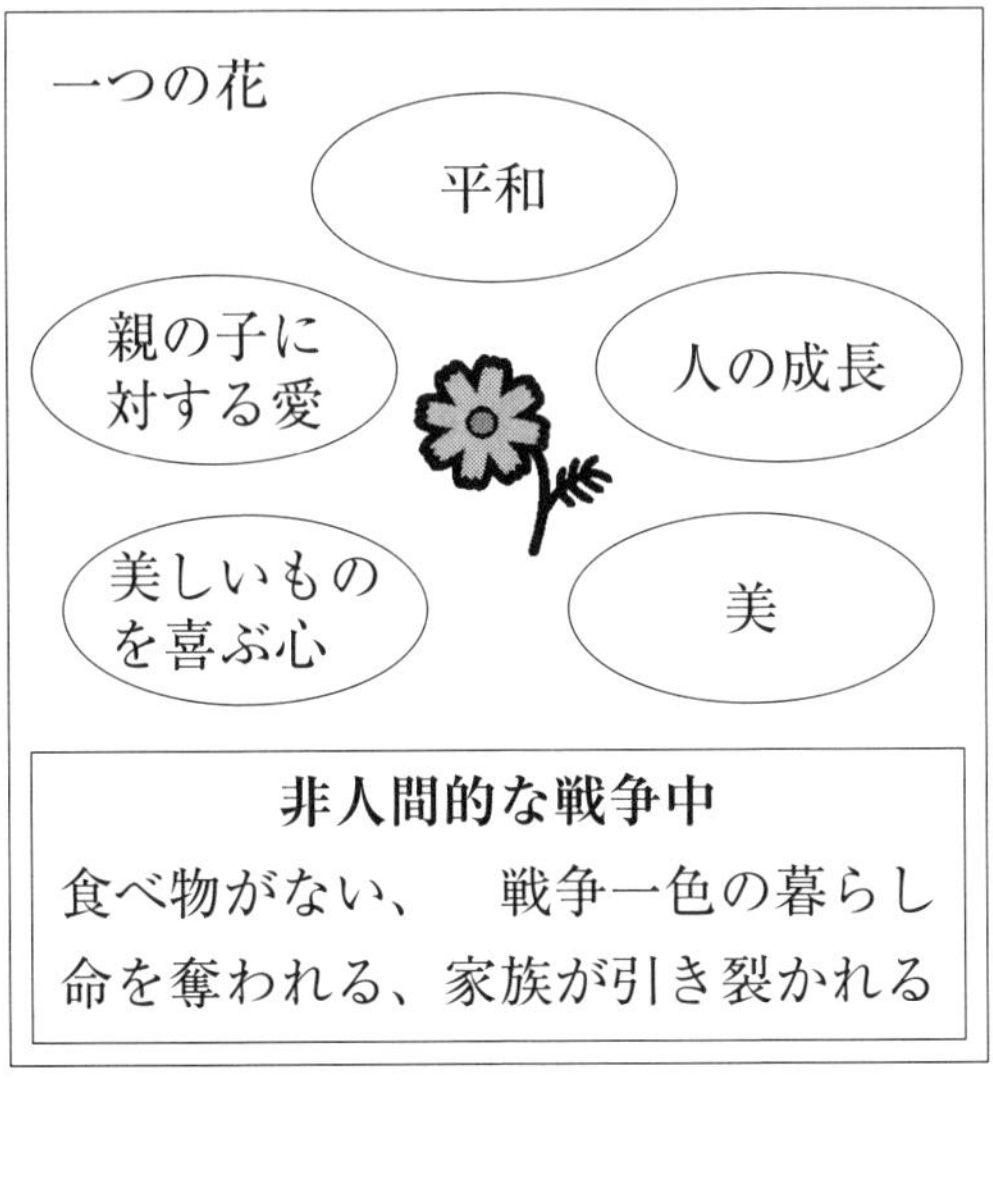
一つの花
平和
親の子に対する愛
人の成長
美しいものを喜ぶ心
美
非人間的な戦争中
食べ物がない、　戦争一色の暮らし
命を奪われる、家族が引き裂かれる

美の象徴になっているといえるでしょう。また、お父さんが別れの時に〈一つだけのお花、大事にするんだよう――〉と渡した花は、どうでしょう。かけがえのないゆみ子その人であり、美しいものを美しいと思う人間らしい心でもあると意味づけられるでしょう。さらに、戦後のゆみ子の家を包むコスモスの花は、平和や愛情を象徴していると読めるでしょう。このように「一つの花」という題名は象徴としてとらえられます。比喩は部分的なものですが、「象徴」とは、作品全体に関わるイメージと意味ということです。

（3）筋・構成・場面

構成

【場面分け】（場面の始まりの文です）

一場面　「一つだけちょうだい。」

二場面　「なんてかわいそうな子でしょうね。一つだけちょうだいと言えば、なんでももらえると思ってるのね。」

三場面　それからまもなく、あまりじょうぶでないゆみ子のお父さんも、戦争に行かなければならない日がやってきました。

四場面　お母さんがゆみ子を一生けんめいあやしているうちに、お父さんがぷいといなくなってしまいました。

五場面　それから、十年の年月がすぎました。

一場面

（「一つだけちょうだい。」～）

●「一つだけちょうだい。」仕掛と仕組

冒頭の二行〈「一つだけちょうだい。」／これがゆみ子のはっきりおぼえた、最初の言葉でした〉は、いかにも唐突な始まり方です。しかも幼い子が初めて覚えるにしては、「一つだけちょうだい」なんて変だなあと読者には奇異に感じられるでしょう。そこで、その理由として戦争中の異常な状況が語られ、さらにゆみ子一家の苦しい暮らし、その中でゆみ子がしらずしらずのうちにお母さんの口ぐせを覚えてしまったということが次々と語られていきます。なるほどそうだったのかと読者が納得するような仕掛になっているのです。

このように順序を入れかえた仕組（それが仕掛として読者に働きます）によって、冒頭の二行は強調され、状況と人物についての叙述も読者の疑問に答えるような形で展開します。

●反復表現をおさえて

〈おまんじゅうだの…ありませんでした／おやつどころではありませんでした／食べるものといえば…ありませんでした〉と三度、変化発展しながら反復して、ぎりぎりの食糧事情を、さらに毎日爆撃されて町が灰になっていく状況を淡々と抑制のきいた口調で語ります。

一

●強調の文末

この状況の中で〈ゆみ子はいつもおなかをすかしていたのでしょうか〉と問いの文があります。話者は〈外の目〉から見ていますから推し測っているのです。しかも〈いたのでしょうか〉と問われれば、読者（正確にいうと話者が語っている相手は聴者です。読者の私たちはその作品世界を読んでいます。）としては、「もちろんそうだ、おなかをすかせているに決まってるじゃないか」（反語）と言わずにはおれません。断定以上に強い印象を与える仕掛（読者の興味関心を引く方法）になっているのです。強調の文末として押さえます。

自分の、そしてゆみ子の口ぐせになるほど、幾度も自分の分から食べ物を与えるお母さん。「もっと」や「たくさん」と要求するところを〈一つだけちょうだい〉という歪められた言葉で言うようになってしまったゆみ子。ここまで話者は淡々と語って来ましたが、そんな人物たちへの押さえきれない思いが、〈いくらでもほしがるのでした〉〈―分けてくれるのでした〉〈口ぐせになってしまいました〉〈覚えてしまったのです〉という強調の文末ににじみでています。

幼い子の言葉まで歪めてしまう戦争の非人間性をしっかりとらえさせたいところです。

いくらでもほしがるのでした。	↕	いくらでもほしがりました。
～分けてくれるのでした。	↕	～分けてくれました。
覚えてしまったのです。	↕	覚えてしまいました。

二場面　（「なんてかわいそうな子でしょうね。一つだけちょうだいと言えば～」）

●会話文は人物の気持ちがそのまま出る

この場面は会話文が多く、直接人物の気持ちが表れているところです。母の嘆き、父の嘆き。とりわけ父のゆみ子への思いは、話者の語り（地の文）が控えめなだけ、一層強い印象を与えます。〈一生〉なんて、ふつうなら幼い子に使いはしないでしょう。

●逆接の接続詞〈いや〉から、父親の思いをとらえる

〈一つだけのいも、一つだけのにぎりめし、一つだけのかぼちゃのにつけ――。みんな一つだけ。一つだけのよろこびさ〉と語り継ぐうちに、自分の発した〈一つだけのよろこびさ〉という言葉に立ち止まります。そして、いもやにぎり飯やかぼちゃのにつけ…そんな食べ物を〈一つだけのよろこびさ〉などと言った自分の言葉を〈いや〉と否定します。〈いや、よろこびなんて一つだってもらえないかもしれないんだね〉。つまり、いもやにぎり飯、かぼちゃのにつけなら「一つだけよ」と分け与えられます。でもここで、〈いや、よろこびなんて、一つだってもらえないかもしれない〉という喜びは、明らかにそれ以外のものです。喜びの名に値する喜びです。単に空腹を癒すようなものでない喜び、豊かな喜び、本当の心の喜び…そんなものは〈一つだってもらえないかもしれない〉のです。だからこそ〈いったい、大きくなって、どんな子に育つだろう〉と憂えるのです。親ならば、わが子が大きくなってと、体が育つことだけを願いはしません。心身共に育ってほしいはずです。食べ物にばかり執着するゆみ子の、歪められた言葉の向こうに、どんな将来が

見えるというのでしょうか。

…一つだけの喜びさ。いや、喜びなんて、一つだってもらえないかもしれない

逆接の接続詞

●切ない目撃者体験を

真の喜びを知らない、心の貧しい子になるのではないか…暗澹たる思いに〈めちゃくちゃに高い高いする〉しかない父親の姿がここにあります。話者の目を通して、読者もそのやり切れない姿を目撃し、切ない思いにかられるのです。

三場面

（それからまもなく、あまりじょうぶでないゆみ子のお父さんも、戦争に行かなければならない日が～）

●目撃者体験をていねいに

〈あまりじょうぶでないゆみ子のお父さんも、戦争に行かなければならない日がやってきました〉から、戦争末期であろうという状況と、あまりじょうぶでないお父さんまでもが…という話者の思いがうかがえます。戦争に「行く日」ではなく、〈行かなければならない日〉という言い方には、話者の戦争に対する態度がよく出ています。

その見送りの時、せめてゆみ子の泣き顔を見せまいと、〈大事なお米で作ったおにぎり〉〈お父さんに持たせるはずのおにぎりです〉をゆみ子に与えるお母さん。ここでも一場面同様〈戦争に行くお父さんに、ゆみ子の泣き顔を見せたくなかったのでしょうか〉と読者（ここも正確にいうと話者が語っている相手は聴者です。）に問いかけています。読者は「もちろん、見せたくなかったにきまってる」と思うでしょう。この文末には、そう読者に思わせる、強調の効果があります。

●意味的比喩〈まるで戦争になんか行く人ではないかのように〉

他に見送りもなくプラットホームのはしの方にいるゆみ子親子は、ばんざいや勇ましい軍歌に湧く人達とは対照的です。〈そんなばんざいや軍歌の声に合わせて、小さくばんざいをしていたり、歌を歌っていたり〉するお父さんを、話者は〈まるで戦争になんか行く人ではないかのように。〉と意味的比喩で喩えています。決して積極的にばんざいをしたり歌ったりしているのではなく、ただ抱いているゆみ子をあやすためにしていることを表しているのです。

比喩
- 像的比喩　りんごのようなほっぺ
- 意味的比喩　まるで戦争にいく人ではないかのように

●言葉はうそをつく──状況を踏まえて読む

その文脈の中で、お母さんの〈ゆみちゃん、いいわねえ。お父ちゃん、兵隊ちゃんになるんだって。ばんざあいって──〉というせりふを読むとどうなるでしょう。ここもまた決してその言葉通りではなく、そう言わざるを得ない状況の条件があって、お母さんは心にもないせりふでゆみ子をあやしているんだなあと推し測ることができるでしょう。条件をふまえて読むことが肝心です。

そんな両親の思いにもかかわらず、ゆみ子は泣き出してしまいます。〈とうとう〉や〈泣きだしてしまいました〉という言い方に、また倒置による強調〈「一つだけ、一つだけ」と言って。〉に、話者の「ああ、この土壇場に来て困ったものだ」という思いが表れています。読者もまたその思いに重なり、切実な目撃者体験をさせられるのです。

四場面

（お母さんがゆみ子を一生けんめいあやしているうちに、お父さんが～）

●人物の気持ちを考えるのではなく

ここでも一貫して話者の《外の目》で見て語られています。まずそれを押さえます。

その上でまず、「一つだけ、一つだけ…。」と言ってゆみ子が食べ物をねだっているという事実、それに対してお父さんが一輪のコスモスを見つけてきて、ゆみ子に手渡したという事実、そしてゆみ子が、食べ物ならぬ花をもらって足をばたつかせて喜んだ事実、お父さんがそれ（足をばたつかせて喜ぶゆみ子の姿）を見て、にっこり笑って去っていった事実があります。

しかしその際に、人物が、どんな思いでそうしたかは《外の目》からは断定できません。ですから、読者としてはお父さんやゆみ子の気持ちを考えるのではなく、事実からわかることをとらえ、結びつけ、意味づけていくことが大切です。

●前の場面とひびき合わせて読む

前の二場面で、いつもいつも食べ物ばかりほしがっていたゆみ子に対し、〈いったい、大きくなって、どんな子に育つだろう〉つまり、がつがつした心貧しい子になるのではないかと心配していたお父さん。そのお父さんが手渡したのは、食べ物ではなくて花でした。でも、今までがつがつしていたゆみ子が、その花を足をばたつかせて喜んだのです。

犬や猫はエサをもらうとしっぽを振るけれど、花をもらって喜ぶということはありません。人間だからこそ喜ぶのです。花を喜ぶということは、花の美しさを喜ぶことであり、美という価値がわかる人間であることなのです。だからこそ、お父さんは〈にっこりわらう〉ことができたのです。

二場面

「…喜びなんて、一つだってもらえないかもしれない…。いったい、…大きくなって、どんな子に育つだろう。」

四場面

ゆみ子は、花をもらうと、キャッキャッと、足をばたつかせて喜んだ→それを見て、にっこりわらう…

●美を感じ、美を喜ぶ人間性

また〈わすれられたようにさいていたコスモスの花〉という《意味的比喩》は重要です。その頃は、勝つために、花を育てるひまがあったら、芋でも作れ、花作りなど「非国民だ」と言われた時代、絵も音楽も、服装も、何もかも美しいものが踏みにじられ、美しいものを喜ぶという人間らしい心が否定された時代でした。しかし、ゆみ子が花を喜んだということは、「そんな非人間的な戦争をもってしても、美を感じ、美を喜ぶ人間性は奪えない」という、すばらしい人間賛歌なのです。

お父さんのせりふ、「ゆみ。さあ、一つだけあげよう。一つだけのお花、大事にするんだよう――。」は、どんな気持ちで言ったか、決め手がありません。子どもに勝手に想像させるだけでは「自分の形見として大事にしてほしい」等いろいろ言うでしょう。想像することがいけないのではありませんが、前の場面をふまえて読めば、読者には「美しいものの価値をわかる子、人間らしい心を持った子でいてほしい」という父の願いだと意味づけられるでしょう。

●相反する思いがとけ合う場面

お父さんは、ゆみ子の人間らしい姿にほっとしただろうなと、読者もほっとします。しかし、それと同時に、親子の別れを目の当たりにして、切なくやりきれない思いにもかられます。この四場面後半は、ほっとするけれどやりきれない、うれしいけれど切ない、そんな相反する思いが同時に体験され、とけ合う場面なのです。このように異質なものが一つにとけ合った独特の味わい、趣きを《美》、この体験を《美の体験》とよんでいます。読者の中に起こる矛盾葛藤―美の体験―こそ、文芸をまるごと味わう醍醐味です。文芸研では、なによりもこのことを授業で大事にします。

五場面

〈それから、十年の年月がすぎました。〉

●相反するイメージがとけ合う場面

〈それから〉というのは、お父さんとの別れから、ということです。

〈ゆみ子は、お父さんの顔をおぼえていません〉とあって、読者としては、かわいそうにと思うところです。しかし、〈でも〉と打ち消しています。とんとんぶきの家であっても、そこは〈コスモスの花でいっぱいに包まれてい〉て、平和で穏やかな様子が伝わってきます。

〈ミシンの音が、たえず、速くなったりおそくなったり、まるで何かお話をしているかのように聞こえてきます。それはあのお母さんでしょうか〉とあり、話者にそう問いかけられれば、読者は「もちろんそうだ」と答えます。先にも出てきましたが、たずねているのではなく、読者（ここも正確にいうと話者が語っている相手は聴者）にそう言わせる強調の文末表現です。たえずミシンをふんで働かざるを得ない生活の厳しさと同時に、〈何かお話をしているかのように〉という表現からそれでも愛情に

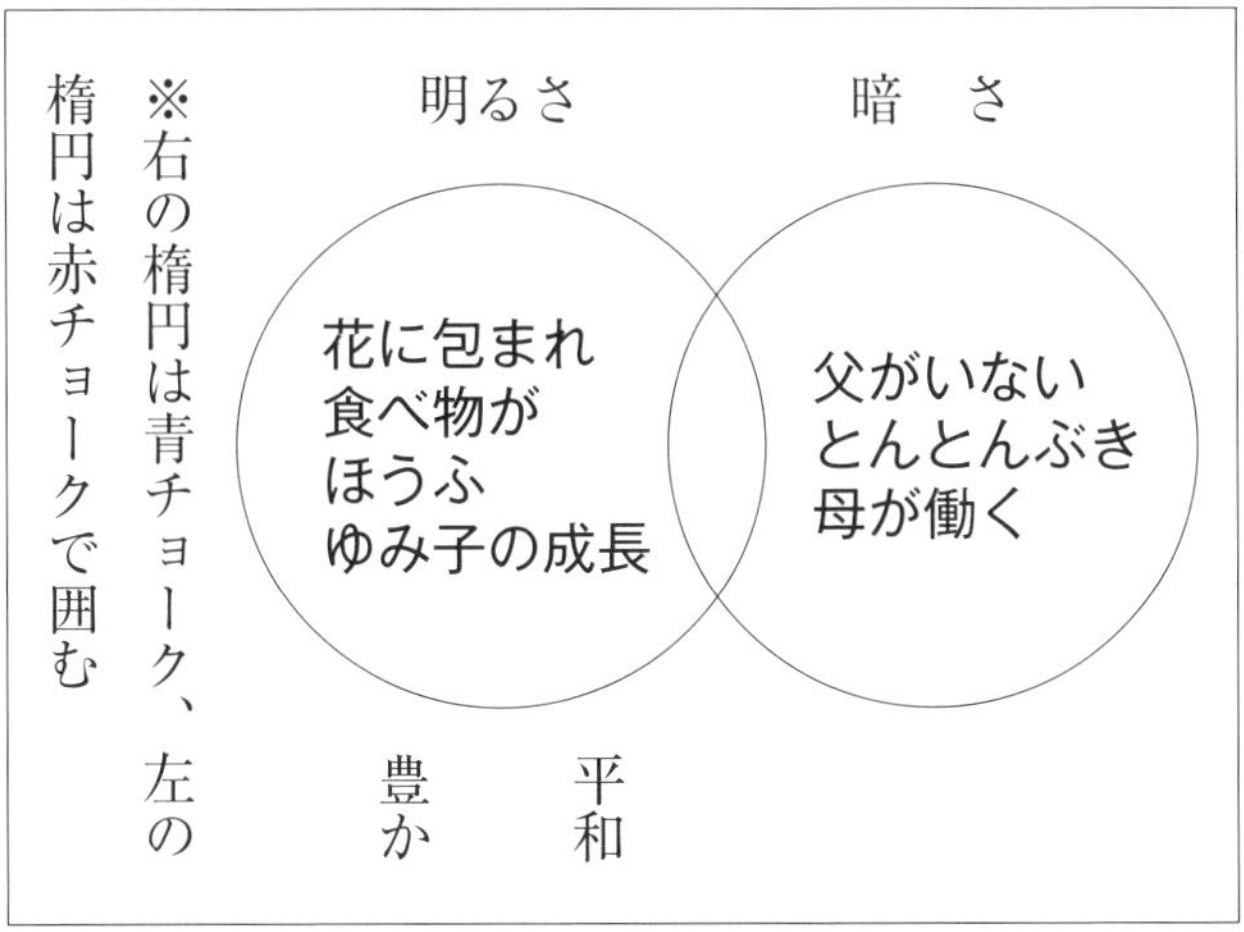

暗さ
父がいない
とんとんぶき
母が働く
明るさ
花に包まれ
食べ物が
ほうふ
ゆみ子の成長
平和
豊か
※右の楕円は青チョーク、左の楕円は赤チョークで囲む

満ちた幸せな母子の様子が想像できます。

戦争の傷跡を残した暮らしの厳しさと、平和で幸せな様子、この相反するイメージが混在し、とけ合っている場面なのです。

●ゆみ子の成長、けれども…

ゆみ子の〈「母さん、お肉とお魚とどっちがいいの。」〉からは、食べるものが無かった戦争中とは大違いの、豊かな暮らしが鮮やかに伝わってきます。また、買い物に出かけ、日曜日は小さなお母さんになってお昼を作るようになったゆみ子からは、強く健やかな生命力がにじみ出ています。歪められた言葉で将来を心配されたゆみ子が、母の手助けができるまでに成長しているのです。しかし、そこにはお父さんがいません。お父さんは成長したゆみ子を見ることができません。平和で明るいけれども、深い悲しみがあるのです。

この五場面も四場面後半同様に、《美》があり、《美の体験》をさせられるところです。

2　作品の特質

まずは作品の特質をふまえて読み、意味や価値を見出していくことが大切です。（文芸研では、（1）（2）のように、作品の意味や価値を見出す方法を「虚構の方法」とよんでいます）

（1）一貫して《外の目》から語る

この作品では、最初から最後まで一貫して話者が《外の目》から語っていますから、人物の気持ちはわかりません。けれども、人物の様子はよくわかります。

読者はゆみ子やお父さん、お母さんの様子をすぐそばで見つめ、どうにかしてやりたくても何もできない、切ない思いにかられます。その切実な目撃者体験によって、ゆみ子一家をのみこむ戦争の非人間性を、そしてそれと同時に、戦争によっても奪われぬ親の愛情や美しいものを喜ぶ人間らしさを、読者は見出すのです。作品の意味を、人間の真実を発見するといってもいいでしょう。

（2）花を象徴として読む

コスモスの花は、ただ花としてだけではなく、もっと意味づけてとらえることができます。つまり、花は戦時中忘れられ、無駄だと否定された美しいものや文化の象徴であり、親の愛の象徴、平和の象徴でもある、

一

と読めるということです。

（3）強調の文末

全体としてたいへん抑制のきいた、控えめな表現ですが、〈～のです〉という強調の文末が数カ所使われています。また、〈でしょうか〉と疑問形で語りかける箇所もあり、読者に強い印象を与える効果があります。

（4）比喩

作品の内容と密接に関わり、〈わすれられたように〉などは、戦時下の花どころではなかった状況、美しいものが否定され、人の心から閉め出されていた事実が、暗示されています。

二

この教材でどんな力を育てるのか

1 認識の力

この教材で、どんな力を育てるのか、というと大きく二つあります。その教材独自の内容（主題・思想）と、その教材で学び、さらに応用していける方法（ものの見方・考え方）です。その両者が一つになって認識の力（生きてはたらく力）となります。

認識の内容
認識の方法
→ 認識の力（生きてはたらく力）

（1）認識の内容

●認識の内容とは

子どもたちがただその作品が表現している内容（いわゆる主題）がわかるというだけでは、深く人間や世界をわかる力にはなりません。その作品をふまえて、そこから人間とは、戦争とはと考えられるようにしたいものです。作品の具体（ゆみ子一家の目撃者体験）をふまえ、一般化普遍化した内容（人間とは戦争とは、という深い考え。「認識の内容」といいます）へ、これが大切です。物語文では人間認識を、説明文・意見文では主に社会認識や科学認識を育てることができます。「一つの花」では、次のように考えられます。

表現・認識の内容

〈表現されている内容（主題）〉

戦争は生活を破壊し、幼いゆみ子の言葉まで歪め、父をも奪ってしまうむごいものである。しかしそんな中でも、ゆみ子は父母の愛情と彼女自身の力で、人間らしさを失わず力強く成長している。

▼

〈認識内容（思想）〉

戦争は人々に過酷な生活を強い、命をも奪う。しかし、そんな戦争をもってしても、親の子に対する愛や、人間らしさ（美の価値がわかる心）や、人が健やかに成長していくということは、決して押しつぶせない。

（2）認識の方法

●認識の方法とは

右のような内容をわかるための「ものの見方、考え方」のことを認識の方法といいます。この作品で学ばせたいのは、どんな認識の方法でしょうか。

①比較（類比・対比）してみる見方・考え方（低学年から学ばせたい基本的課題）

同じところ、似ているところを比べることを《類比》、違いを比べることを《対比》といいます（まとめて《比較》といいます）。ものごとを見る時の、最も基本的で重要な見方・考え方です。

・ゆみ子が食べ物に執着する姿

「一つだけちょうだい」、いくらでもほしがるのでした、お母さんの口ぐせを覚えてしまった、「おじぎり、一つだけちょうだい」等を類比してみれば、ゆみ子がいつもおなかをすかせて、食べ物に執着していたことがわかる。

・戦争中と戦後

一～四場面と五場面を対比して読むと、食べ物もなく戦火にさらされた暮らしと、平和で豊かな世の中になったが、戦争の傷跡も様々に残っていることがわかる。また類比すると、親の愛は一貫していることがわかる。

②条件的な見方・考え方（中学年で学ばせたい課題です）

いつでもだれでも同じようにみるのではなく、時と場合による、人による（条件）とみる見方・考え方です。

・「一つだけちょうだい」と言って食べ物をねだるゆみ子
戦争で食料の乏しい時代だという「状況の条件」、幼いゆみ子、いつも飢えていたゆみ子という「主体の条件」をふまえて読むことができる。
・お母さんの〈ばんざい〉の言葉
お母さんが「ゆみちゃん、いいわねえ、お父ちゃん、兵隊ちゃんになるんだって、ばんざあいって」と言ったことを、戦時中だからこそ、お父さんにゆみ子の泣き顔を見せたくない時だからこそ、と意味づけることができる。

認識の方法

③構造的・関係的・機能的な見方・考え方（四年生の中心課題です）

全体を関係させてみる、部分が全体に対して果たす働きをわかる、そのような見方、考え方です。

・題名・冒頭（「一つだけちょうだい」）の機能と本文との関係、場面と場面の関係、戦中と戦後という構造等に目を向けて意味づける力を育てる。

（認識の方法にはほかにもいろいろあります。次頁を参照してください）

関連・系統指導案（小学校の中心課題）

0 観点 目的意識・問題意識・価値意識

真・偽ほんと―うそ
善・悪いいこと―わるいこと
美・醜きれい―きたない
有用・無用やくにたつ―やくにたたない

←― 低 ―→
←―― 中 ――→
←――― 高 ―――→

1 比較（分析・総合）
類似性―**類比（反復）**
相違性―対比

2 順序 過程・展開・変化・発展
時間・空間・因果・心情・思考・論理・意味

3 理由・原因・根拠

4 類別（分類・区別・特徴）
特殊・具体 一般・普遍
全体と部分

5 条件・仮定・予想

6 構造（形態）・関係・機能・還元

7 選択（効果・工夫）・変換

8 仮説・模式

9 関連・相関・連環・類推

10 相補

（西郷試案2の2）

【参考資料】 子どもたちに育てたい「ものの見方・考え方」の系統案（認識の系統表）

文芸教育研究協議会 西郷竹彦会長による

二

ことば・表現・人間・ものごと　**認識の対象**

ものの見方・考え方
わかり方（表し方）　**認識の方法**

本質・法則・真理・真実・価値・意味　**認識の内容**

認識の内容

関連・系統指導案（中学校・高等学校の中心課題）

1 多面的・全一的・体系的
1 多面的・多角的・多元的
2 全面的・全体的・大局的・総合的
3 全一的・統一的・統合的・概括的・総括的
4 体系的・系統的
5 複眼的（巨視的・微視的）・複合的・相補的

2 論理的・実証的・蓋然的
1 論理的（演繹的・帰納的・類推的）
2 合理的・整合的・合目的的
3 実践的・実証的・客観的
4 蓋然的・確率的・統計的

3 独創的・主体的・典型的
1 個性的・独創的
2 自己の対象化・相対化・客体化
3 主体的（主観と客観の統一）
4 典型的（個別・特殊と一般・普遍の統一）

4 象徴的・虚構的・弁証法的
1 矛盾的・力道的・弁証法的
2 象徴的
3 虚構的

（西郷試案2の2）

三

この教材をどう授業するか

授業計画

教授＝学習過程（12時間）

《だんどり》作家と作品、題名読み、新出漢字など・・・・1時間

《読み聞かせ、はじめの感想》・・・・・・・・・・1時間

※《だんどり》と《読み聞かせ、はじめの感想》は授業の構想では省略

《たしかめよみ》・・・・・・・・・・・・・・・6時間

場面ごとに視点をふまえて読み、切実な共体験をめざす。

《まとめよみ》・・・・・・・・・・・・・・・・2時間

主題・思想（認識の内容）にせまる。（意味づけ）

象徴をとらえ、典型化をはかる。

（自分にとっての意味、価値を考える）

《まとめ》おわりの感想・・・・・・・・・・・・・2時間

感想の交流

課外として音読練習

授業の構想

※《だんどり》（1時間目）と《読み聞かせ、はじめの感想》（2時間目）は省略

たしかめよみ　一場面

（3・4時間目）

ねらい

▼冒頭の二行を切り口に、ゆみ子をとりまく状況をつかむ。
▼きびしい状況だから、ゆみ子がいつも食べ物に執着している姿をとらえる。

だい　一つの花　　さくしゃ　今西祐行

㋱　どんな世界、どんな家族でしょう

一場面

食べ物のことばかり
食べることにこだわるいやしい子

一つだけちょうだい　　しかけ

いつもおなかをすかせていた
ゆみこだからこそ　　**じょうけん**

だからこそ

授業の流れ（おもな発問）

・めあての確認
・音読

1 **だれが語っていますか。**
→話者が外から見て語る

2 **はじめの二行からどんな感じを受けますか。**

不自然、なぜ？　何歳かな
いやしい子、食いしん坊

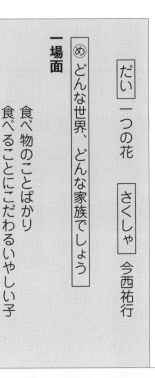

戦争中（じょうけん）

戦争のはげしかったころ

生きるための　衣食住

おかしどころではない　～ない
お米のかわりに配給される　～ない
おいも、豆、かぼちゃ　～ない

毎日てきの飛行機
ばくだん
町は次々にやかれ、はいになっていく

しかけ　反語

いつもおなかをすかせていたのでしょうか
もちろんすかしていたに決まってる
強調の効果

お母さんの口ぐせになってしまいました
なりました ↔ 強調

しらずしらずのうちに
口ぐせを覚えてしまったのです
しまいました ↔ 強調

3 **どんな世界だったのか、線を引いて、発表しましょう。**

「～ない」の反復に注目して、知ってることを出し合って、戦時下の生活をイメージ化。

4 **文末は、「でしょうか」「のです」という文末は、どんな働きがありますか。**

5 **「二つだけちょうだい」の意味をノートに書きましょう。**

戦争中だからこそ、幼いゆみ子だからこそ、というのが、条件。しっかりおさえよう！しかけとは、読者の興味関心をひく方法だよ！

三

たしかめよみ　二場面

（5時間目）

ねらい

▼会話（特に逆接の接続詞）をおさえることから、ゆみ子の将来を案じるお父さんの思いをとらえ、共体験させる。

だい　一つの花　さくしゃ　今西祐行

め　ゆみ子一家を見ていきましょう

二場面

食べもの
いも
にぎり飯
かぼちゃのにつけ
ひとつだけの
体

いや　逆襲
喜びなんて一つだって
もらえないかもしれない
心

豊かに育ってほしい

授業の流れ（おもな発問）

・めあての確認
・音読

1 **ゆみ子に対して、両親はどう思っていますか。**

母親の行為、父親の独白を　表現をふまえて読む

2 **いやの前後を対比してみましょう。**

3 **みんなは「喜び」というと何を思いうかべますか。**

各自の喜びを出させる。

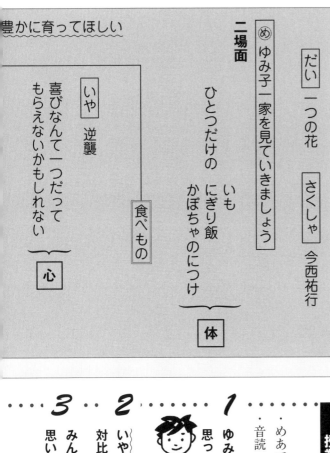

親の願い＝子の心も体も

遊んだり
見たり
聞いたり
さわったり

心の喜び
豊かな喜び、幸せ

いったい大きくなってどんな子に育つだろう

心のまずしい子になってしまうのではないか
←
めちゃくちゃに高い高いするのでした

なげき　悲しみ　やり切れぬ思い

三

4 **親にとって、子が育つというのはどんなことでしょう。**

親の願いを考える。

5 **お父さん（あるいはお母さん、両親）をどう思うか、ノートに書きましょう。**

父が何を嘆いているか、逆接の〈いや〉の前後を考えるのが大切！

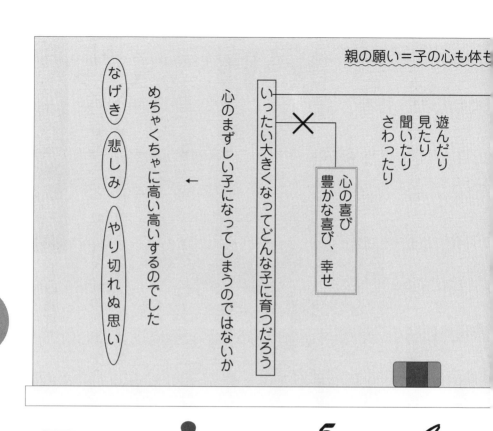

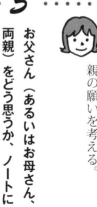

たしかめよみ　三場面（6時間目）

ねらい

▼出征の日、お母さんの言動からお父さんへのやさしい心づかいをとらえる。
▼他の見送りの人達と対比してゆみ子一家の姿をとらえる。

だい　一つの花　さくしゃ　今西祐行

ⓜ ゆみ子一家を見ていきましょう

三場面

あまりじょうぶでないお父さんも
戦争に行かなければならない

戦争末期
赤紙、出せい

お母さんの作ってくれた ― お母さんの気づかい
ゆみ子のなき顔を見せたくなかったのでしょうか

授業の流れ（おもな発問）

・めあての確認
・音読

だれが語っていますか。
→話者が外から見て語る

2 **どんな状況でしょう。**

戦争の終わり頃かな
敗戦が近い

3 **お母さんの様子はどうですか。**

しゅういの人々

ばんざいの声
たえずいさましい軍歌

↔ 対比

ゆみ子一家

小さくばんざい
歌を歌う

ひゆ

まるで戦争になんか行く人ではないかのように…

本音を言えない時代
口でうそを言っても、気持ちがにじみ出る
三人だけでよりそっている
心細い雰囲気
弱々しい家族

4 ゆみ子一家と周りの人を対比してみましょう。

5 比喩からどんな感じを受けますか。

6 お父さん（あるいはお母さん、両親）をどう思うか、ノートに書きましょう。

その場でゆみ子一家を目撃している感じで読もう。

たしかめよみ 四場面（7時間目）

ねらい

▼花をもらって喜んだゆみ子と、それを見たお父さん、比喩表現から戦争をもってしても人間らしさ（美しいものを喜ぶ心）を否定しえないことに気づかせる。

だい 一つの花　さくしゃ 今西祐行

㋱ お父さん、ゆみ子のしたことを見ていきましょう。

四場面

はしっぽ

ごみすて場のようなところ

ひゆ

わすれられたように　さいていたコスモス

戦争のことで花どころじゃない

勝つことばかりで花なんか関係ない

戦争一色（黒）↔

楽しませてくれるものが（じょうけん）

授業の流れ（おもな発問）

・めあての確認

・音読

だれが語っていますか。

→話者が外から見て語る

2

コスモスはどんな場所にさいていたのでしょう。

ごみすて場みたいな所

だれも見ない所

3

わすれられたように、という比喩をどう思いますか。

花　役に立たない（明るい色）

美しいもの

花なんかつぶして、いもやかぼちゃを作れ

美しいもの、心を否定された時代

一輪の花をあげた

ゆみ子　食べ物　をほしがった

お父さん　花　をあげた

←

キャッキャッ
足をばたつかせて喜ぶ

↕

一つだけちょうだい
食べ物ばかり

美しいものを喜ぶ心を持っていた

わかれ、つらい　でも、そんなゆみこだからこそ
（じょうけん）

お父さん　にっこりわらう

4 二場面とつなげてお父さんの思いを考えましょう。

5 お父さんとゆみ子の姿を見て、心に残ったことをノートに書きましょう。

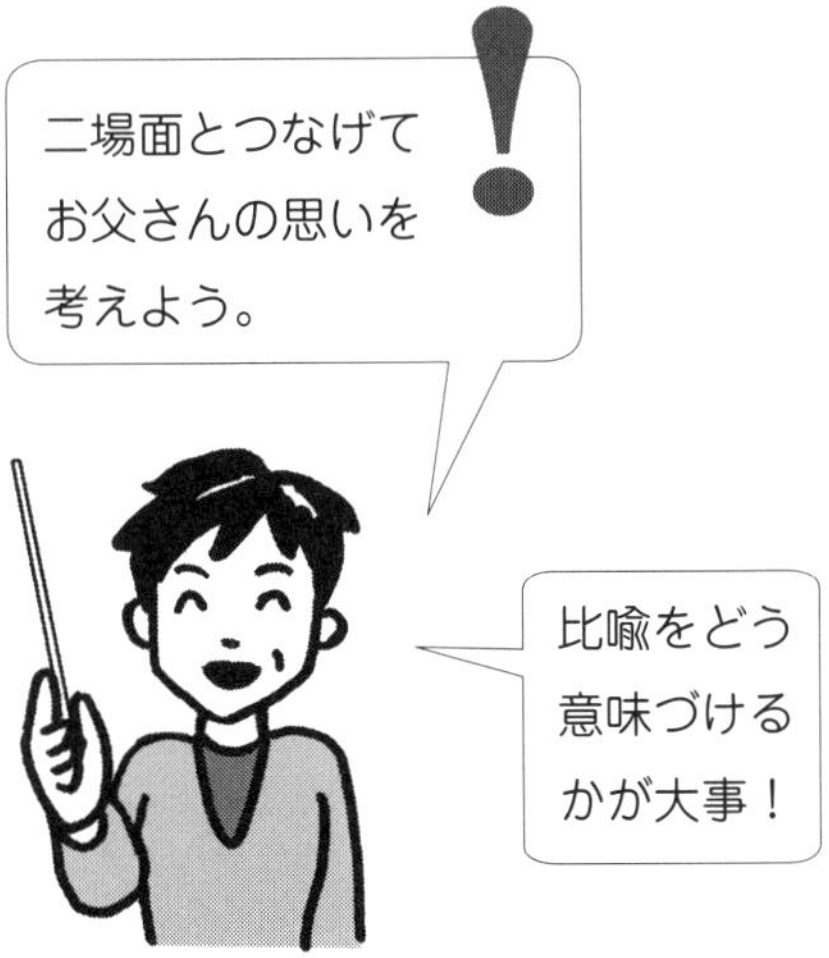

三

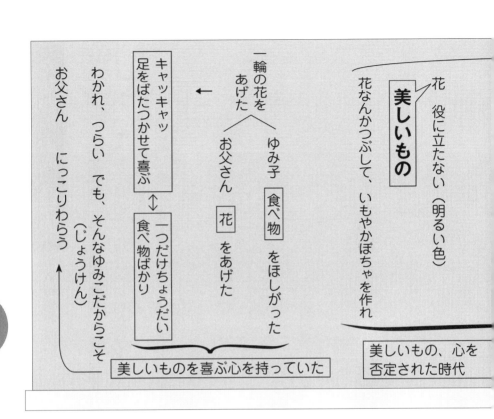

たしかめよみ　五場面　（8時間目）

ねらい

▼平和な中に残る戦争の傷あとに気づかせ、切実に異化体験させる。

▼ゆみ子は明るくけなげに成長していることを会話などからとらえる。

だい　一つの花　さくしゃ　今西祐行

め　ゆみ子一家を見ていきましょう。

五場面

それから十年の年月

戦後の苦しい時代

つらい時代

授業の流れ（おもな発問）

・めあての確認

・音読

1　**だれが語っていますか。**

→話者が外から見て語る

2　**戦後はどのようなくらしでしょうか。**

→平和で明るくなった

安心してくらせる。

でも父親が帰らない

生活が苦しい

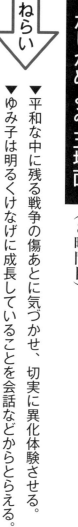

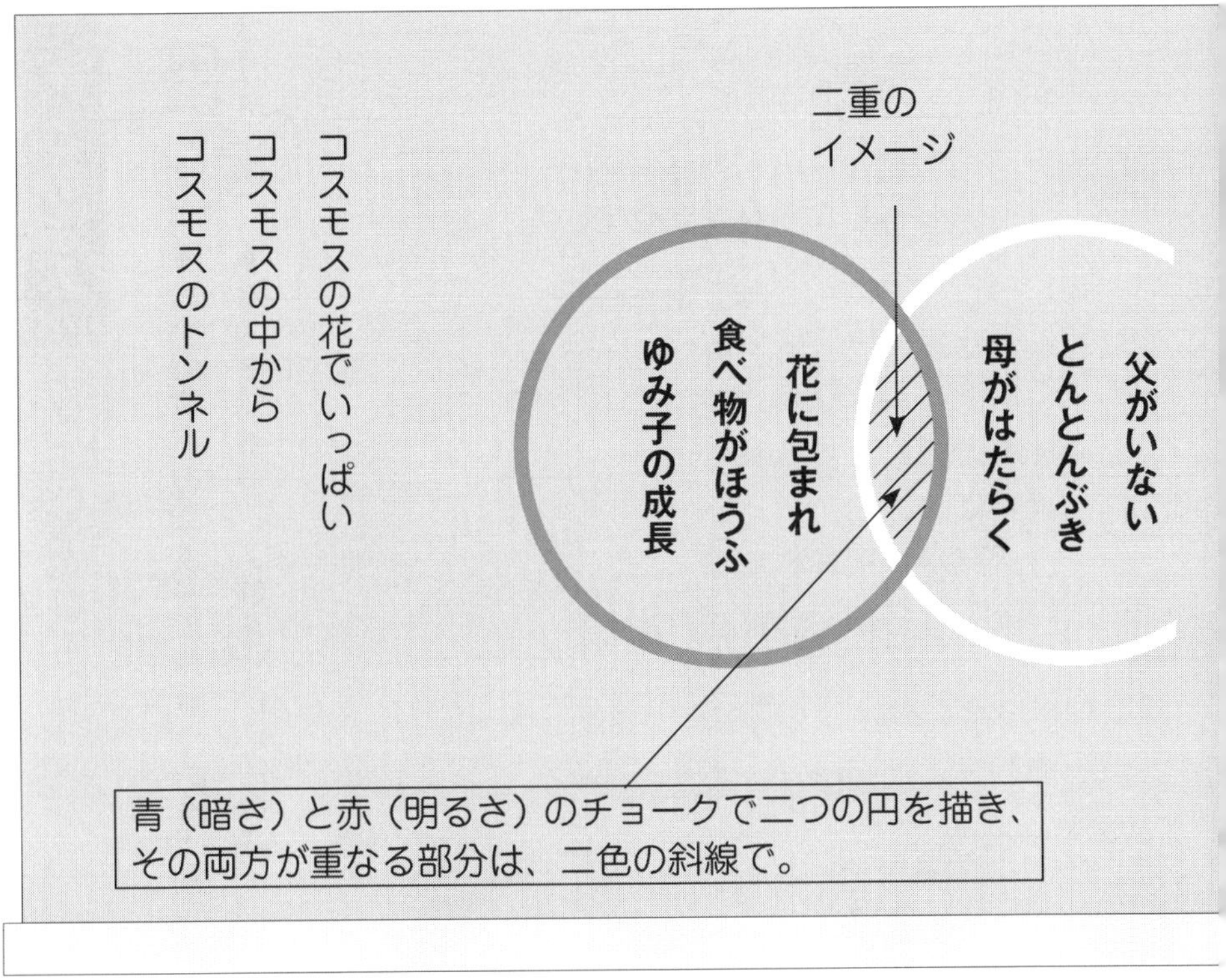
二重の
イメージ
父がいない
とんとんぶき
母がはたらく
花に包まれ
食べ物がほうふ
ゆみ子の成長
コスモスの花でいっぱい
コスモスの中から
コスモスのトンネル
青（暗さ）と赤（明るさ）のチョークで二つの円を描き、
その両方が重なる部分は、二色の斜線で。

3 **ゆみ子は、以前と対比してみるとどうですか。**

↓手伝いができるまでに
成長した
たくましい感じは同じ

4 **戦後のゆみ子一家についてどう思うか、ノートに書きましょう。**

明暗両方のイメージが同時に存在する、このことに気づかせよう。「二重のイメージ」という言葉も一緒にね。

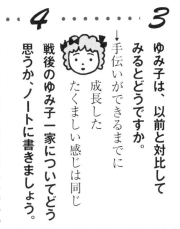

まとめよみ（9・10時間目）

ねらい

▼戦中戦後を対比することで戦争の非人間性をとらえ、平和のすばらしさに気づかせる。

▼ゆみ子の成長、人間らしい心、父母の愛は戦争でも奪えぬことをとらえる。

戦争中

配給「一つだけ」いも、かぼちゃ

いつもおなかをすかせていた

毎日飛行機がばくだんを落として

町は焼かれ、はいになって

不安、きけん

わすれられたようにさいていた

コスモスの花

美がひ定された

いた　ゆみ子を心配していた

ゆみ子を心配していた

何でも「一つだけちょうだい」

わかる人間らしい心

授業の流れ（おもな発問）

・めあての確認

・音読

1

ゆみ子一家が戦中戦後をどう生きてきたか、振り返ってみましょう。

→場面ごとの板書を掲示物として残しておき、活用する。

2

戦中と戦後を対比して、変わったものは何でしょう。

戦後　　　　平和

類比してくらべる

じょうきょう

買い物お肉とお魚と
ゆたかになった
とんとんぶきの小さな家
安心して生活できる
コスモスの花でいっぱいに
包まれて
美しいものがある

人物

お父さん　もどらない
お母さん　働く
ゆみ子　成長

子の成長、親の愛情・美しいものを

3 **ゆみ子は、なぜ成長できたのでしょうか。**

4 **戦中戦後で変わらないものは何でしょう。**
→「親の愛」のように、一般化した言い方で

5 **「一つの花」の意味を考えましょう。**

6 **自分とつながることがあるでしょうか。**
→終わりの感想を書く。

できるだけ「親は」「人間は」「戦争は」など、一般化して言うようにしよう。さらに自分は、と考えることが大切。

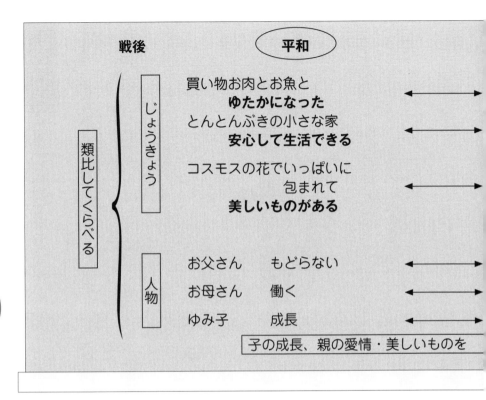

まとめ（11・12時間目）

ねらい

▼これまでの学習をふり返り、たとえば次の観点で〈おわりの感想〉を書く。

①考えが深まったこと。

②作品と自分をつなげて考え続けたこと。

③ものの見方・考え方、書き表し方でわかったこと。

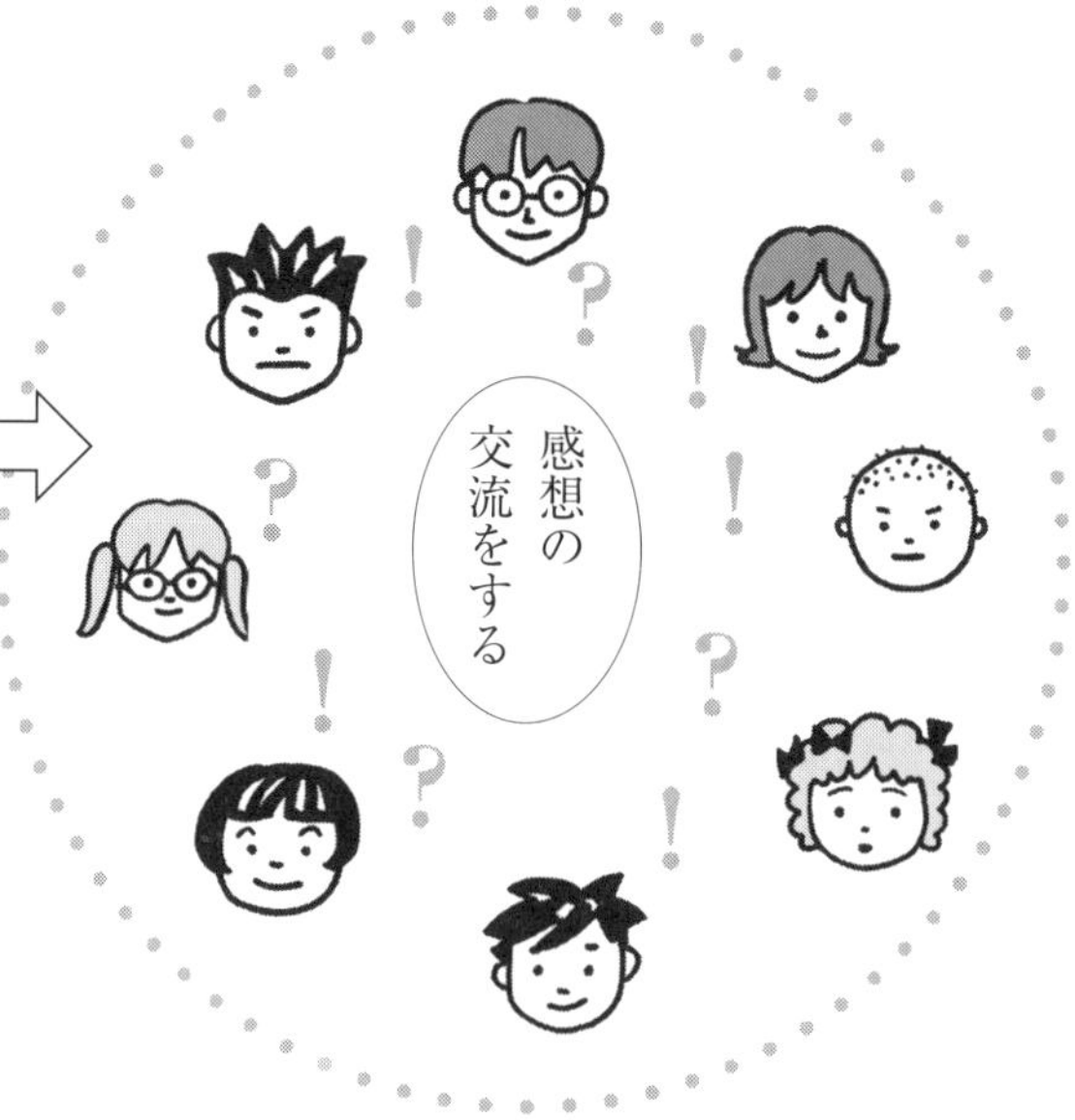

戦争児童文芸の本の紹介や読書へのはしわたしをする。

四

授業の実際

四

※《だんどり》（1時間目）と《読み聞かせ、はじめの感想》（2時間目）は省略

たしかめよみ 一場面（3・4時間目）

ねらい

▼冒頭の二行を切り口に、ゆみ子をとりまく状況をつかむ。

▼きびしい状況だから、ゆみ子がいつも食べ物に執着している姿をとらえる。

プロセス

まず話者が外から見て語っていることをおさえます。そのあと、冒頭の二行からどんな感じを受けるか発問し、班で話し合った後に発表します。

T1　どうですか。

明正　〈一つだけちょうだい〉が、ゆみ子にとっては、大切な言葉みたい。

友香　そこが欲しがってる感じ。

隆夫　〈一つだけちょうだい〉っていうと、普通はそんなふうに言わないで「全部ちょうだい」とか「もっとちょうだい」って言うでしょう。なんでかなぁと思う。

崇　もっと欲しがらないのかなぁ〜って感じ。

久美子　私たちも作文の時書くけど、会話から始まって仕掛になってる。目立たせてるから、それがよっぽど大事なんだと思う。

T2　なるほど、仕掛だね。目立たせて強調している。どんな感じを受けるか、もう少し。

ポイント

ただ〈仕掛〉に気づいただけでなく、そこから何がわかるかが大事です。踏み込んでたずねるとグッド！

久美子　そこの書き出しの二行目で、〈はっきり覚えた〉〈最初の〉って言うから、ゆみ子だけの言葉って感じがする。

啓介　普通は、最初にそんなことは言わない。

C　マンマとかブーブーって言う。

紀幸　こんなのむずかしいよ。

志保　〈これが、ゆみ子の覚えた、最初の言葉〉じゃなくて、〈これが、ゆみ子のはっきり覚えた、最初の言葉〉でしょ。だから、ただ普通に覚えたんじゃない、とっても大事なんだって感じがする。

崇　なんでだろうって思うよ。読者に疑問を出す。

隆夫　不思議な感じで、普通じゃないから、読者に疑問を持たせる。

T3　はい、そんな働きをしている書き出しですね。

プロセス

その後、サイドラインを引いて（文章をふまえるため）それをもとに戦時下の様子を想像させます。特に食べ物が乏しいことを今と比較して話し合いましょう。それから次の発問をします。

T4　そんな時代ということを考えると、ゆみ子をどう思いますか。

千鶴　ゆみ子は食いしん坊だと思ってたけど、そんな時代だったからしょうがないと思う。

通浩　今だったら食べ物があるから、わがままだと思うけど、食べ物がなくてひどい物をちょっとしか食べられない時代だから当たり前だね。

友香　そんな食べ物もない時代だし、ゆみ子はまだ小さい子だからがまんできなくてもしょうがない。

隆夫　ぼく達くらいなら、事情がわかるけど、小さい子だとわからない。

C　わがままじゃないよ。当然だよ。

ポイント

戦争で食糧難の時代だったからこそ（状況の条件）幼いゆみ子にとっては（主体の条件）という条件をしっかりおさえます。今の自分たちと比較して考えるとグッド！

ゆみか　そんなふうに、戦争が激しかった頃、その状況を話者が説明してる。

Ｔ５　そう、話者が説明して、教えているんだね。

久也　次のところの〈ゆみ子は、いつもおなかをすかしていたのでしょうか〉のところで、絶対すかしてたと思う。

信吾　外から見てるから、すかしていましたって、言わないけど、もちろんすかしてたよって思う。

佳子　〈でしょうか〉だけど、〈のです〉って言いたくなる。

Ｔ６　うん、そういう仕掛です。外から話者が語っているので言い切っていないけど、「もちろん絶対すかしてたよ。」と読者に思わせる、強調と同じ効果がありますね。

友香　一番最初の「一つだけちょうだい」につながってくる。

Ｔ７　つながり？　どうつながってるでしょう。

ポイント

子どもから出ないときは、「では、ここまでのゆみ子の様子と、最初の二行とをつなげて考えてみましょう」と発問して、文章の仕組み（構造）に気づかせればグッド！

友香　戦争の説明から、書き出しにもどっていく。

紀幸　戦争中で、さっきみたいに生きていくための食べ物が足りなくてね、でもゆみ子が欲しがるから、お母さんは自分の分を「一つだけ」って言ってあげてるうちに、口ぐせになっちゃった。

Ｔ８　なるほど。そうつながるわけね。

久也　お母さんは、自分も少ないけどあげてるんだね。

Ｃ　やさしい／ゆみ子を思っている……

隆夫　そうしているうちに、初めお母さんの口ぐせになって、ゆみ子までそれを覚えて、それで〈はっきり覚えた、最初の言葉〉になった。

ゆみか　さっき言ったみたいに、ひどい食べ物しかない、それも少ししかない、そんな時だったから、〈はっきり覚えた〉だと思う。

信吾　この言葉を覚えないとだめだっていう感じがする。

T9　うん。やむを得なくね。書き出しの二行が、どんなわけでそうなったか、ようやくわかりましたね。

プロセス
〈〜のです〉〈〜のでしょうか〉の文末をふつうの言い方と比べ読みして、そこに話者の思いがこめられていることを確認します。

T10　〈しらずしらずのうちに口ぐせを覚えてしまったのです〉と〈覚えてしまいました〉を比べるとどうですか。

崇　覚えちゃったんだなあという気持ちがこもってる。

T11　だれの気持ちですか？

隆夫　話者。話者が、見ていて、小さい子がそんな変な言葉を覚えちゃって、あ〜あと思っている。

智子　かわいそうになあと思ってる。

ゆみか　私たちも、小さい子がそんな言葉を覚えてかわいそうだと思う。

四

プロセス
最後に「一つだけちょうだい」の意味を考えて感想を書きます。書き終えたら友だちと読み合ったり、次の授業の初めに紹介したりします。

◎感想（一場面）

●ゆみ子はくいしんぼうと思ったけど、それはじょうけんがあったんだね。戦争で町や畑や田んぼがてきのばくだんではかいされているから、何も食べ物がなかった。だから、ゆみ子は「一つだけちょうだい」と言ったんだと思うよ。戦争がなければ、ゆみ子だって「一つだけちょうだい」なんて言わなくてもすんだのにね。(崇)

●ゆみ子が何でもかんでも「一つだけちょうだい」と言うのは、わがままじゃなく、あたりまえのことだと思う。だって、戦争中だし、ゆみ子はまだ小さい（じょうけん）からです。戦争中でなかったら、「もっとちょうだい」と言えたと思う。それに、～ありませんでしたを何回もくりかえして言ってるから、それほど食べ物がなかったんだなと思う。やっぱりゆみ子の言ってる「一つだけちょうだい」はわがままじゃないのです。

（千鶴）

たしかめよみ　二場面（5時間目）

ねらい

▼会話（特に逆説の接続詞）をおさえることから、ゆみ子の将来を案じるお父さんの思いをとらえ、共体験させる。

プロセス

ここでも、まず話者が外から見て語っていることをおさえます。そして、ゆみ子一家の様子や両親の思いがわかるところ、自分が発見した（気づいた）ところにサイドラインを引き、書き込みしてから発表します。

最初にお母さんの嘆きやお父さんのため息について話し合いました。その後——

ゆみか——お父さんのせりふに入るけど、私は〈この子は一生～みんな一つだけ。〉を一本線にして、〈一つだけの喜びさ。～どんな子に育つだろう〉を二重線にしました。それは、はじめの方は、食べ物が何でも一つしかもらえないことで、後は少し違うから。

久美子　ゆみかちゃんとちょっと違って〈この子は一生～一つだけの喜びさ。〉までは、食べ物のことだったけど、次の〈いや〉から後は、心の中のことを考えていて、今のままじゃ、喜びなんかどうにもならないし、大きくなってもいいことなんか、何もなくなっちゃうんじゃないかと、思ってる。

T1　なるほど。今の久美ちゃんの言ってる場所を、見て。（確認する）分けた意味、わかる？〈いや〉の前と後。

ポイント

いい発言でも、全体に理解されていない恐れがある時は、文章に立ち返って、みんなで確認することが大事！

ゆみか　（うなずきながら）その方がいい。

C　わかった。

T2　では、その〈いや〉の前と後では、どう意味がちがってくるのか、みんなはどう思いますか

ポイント

課題を明確にすることが大事！〈いや〉の前と後を自分がどう意味づけるか、です。

C　前は食べ物のことで、後は違う。

崇　後は喜びについてだと思う。

久美子　後の方で、お父さんは、ゆみ子のことをただふつうに思うんじゃなくて、ずっとずっと大きくなってからのことまで思ってあげている。

隆夫　〈一つだけのかぼちゃのにつけ……〉の……の所も、何か食べ物の続きだよね。そういうもの、食べ物のことで、〈みんな一つだけ。一つだけの喜びさ〉なんだ。それで、〈いや〉って言って、違う！　と言っ

てる。

和枝　〈いや〉は、そうじゃない！　っていうこと。

志保　自分で、喜びじゃないよ！　って強く言ってる感じ。

T3　そう、強い否定です。そして続けて〈喜びなんて、一つだってもらえないかもしれないんだね。〉って書いてあるでしょう。前の方は？

武　前の方は、一つだけのいもとか、にぎり飯とか、一つだけでも、もらえる。

千鶴　一つだけでも、それでも、お母さんがわけてあげるから、もらえる。

崇　一つだけでも、もらえるから食べ物は何とかなる。

明正　食べ物は一個だけとか、一切れだけとか、一つだけでも、もらえる。だけど…

久美子　明正君の言うように、食べ物は一つだけって言ってもらえるけど、喜びは一つももらえないかも、と言ってる。

隆夫　だから食べ物じゃなくて、ぼくも後は、心の中のことだと思う。どうしてかというと、喜びは心の中のことだから。

T4　食べ物じゃない喜び、心のこと…。みんなはどんな喜びを知っていますか。

久美子　ほめてもらった時の喜び。

紀幸　もらった時。お金とか。（C笑い）

和枝　お手伝いでほめられた時。

智子　できないことができた時。

崇　遊んでる時。

信吾　サッカーでゴールした時。

徹　キャンプに行く。

佳子　ピアノをひいてる時。

友香　好きな音楽を聴いてる時。

寛之　プールで泳いでる時。

志保　絵を描いたり好きなことしてる時。

ポイント

喜びとは何か、自分の場合を考えて、それを出し合って深めるとグッド！

武　食べること以外にいっぱいあるよ。

崇　好きな人ができた時。（C大爆笑）
T5　いいわねえ。豊かな喜びね。
久行　心の喜びだね。
徹　幸せって感じ。
C　いっぱいだ。
T6　いっぱいですね。見たり、聞いたり、さわったり、遊んだり、ほめられたり、…心の喜び、幸せとまとめて言えそうだね。でも、食べ物だって大切ね。
信吾　そっちは、体だね。健康！
友香　体も大事。食べられないと死んじゃう。
T7　そう、体も心も大切。これは、親の願いですよ。
ゆみか　体だけじゃしょうがない。体も心も、すくすく育ってほしい。
隆夫　でもね、心の喜びとか豊かさがもらえなくちゃ、心が育たないよ。
徹　だから〈どんな子に育つだろう〉って、親の願いと反対だから。
T8　うん、そうだよ。その〈どんな子〉という、どんなとは？
明正　心が豊かじゃない。だから心の貧しい子。反対の意味でしょ。
通浩　心の育ってない子。
紀幸　食べ物ばっかりのがっついた子。
久美子　がつがつしていやしい子。
信吾　でも、こういう状況だからしかたがないよ。
佳子　もし今の子ががつがつしてたらおかしいけど、信吾君の言うように、そのころはしょうがないと思う。
寛之　食べ物のことしか考えてないけど、しょうがないよ。
ゆみか　だからお父さんは嘆き悲しんでる。
C　嘆きって、なに？
久行　すごく泣くっていうか、深く悲しんでいる。
武　たまらないくらい悲しい。やりきれない。
望　だからお父さんは、めちゃくちゃに高い高いしたんだね。

> **ポイント**
> 会話と行為を響き合わせて、イメージをふくらませていくことが、大事！

崇　僕もそこ引いてるんだけど、ちょとやけになってる。でも、いやなことだから、何とか忘れようとしている。

友香　やけになってるっていうか、ゆみ子を心配で心配で、その気持ちをまぎらわそうとしてる感じ。でも、まぎらわすことは、できない。

紀幸　追っ払おうとしている。何か……ゆみ子にできることを証明してやりたい。

T9　ああ、すごくいいね。やりきれなさと、ゆみ子に何かできることを、という思いね。

通浩　ゆみ子がどんな子になっちゃうか心配なのに、どうにもできなくて、高い高いしかやってあげられない。

ゆみか　親として体も心も育ってほしい願いがあるのに、どうにもならない。

明正　〈めちゃくちゃに〉で、なんか怒ってる。

T10　うん、何に対してだと思う？

明正　戦争！

C　戦争のせいだから！

智子　どうにもならない戦争。

C　ひどい戦争。

久美子　どうにもしてやれないこと。

ゆみか　親なのに何もしてやれないこと。

T11　はい。読者のわたしたちはそう思えますね。お父さんのしたことを、会話と意味づけたわけですよ。

> **ポイント**
> 「意味づけ」という言葉を教え、意識させるとグッド！話し合うというのは、意味を問い、それを交流することだからです。意味づけたことは、書くことでさらに深まります。授業の終わりに書くのは、そのためなのです。

隆夫　話者も「高い高いしました」じゃなくて、〈高い高いするのでした〉って、強く言ってるね。

T12　そう、そこも強調の文末。

ポイント

強調の文末〈～のでした〉を取り上げましょう。子どもから出ない時は、教師が「この文末は、〈～ました〉と比べるとどうですか。」と普通の言い方と並べて書いて、〈比べ読み〉をさせるとグッド！

崇　話者の気持ちが表れる。

C　きのうと同じだね。

志保　どうにもできなくて、お父さんつらいだろうなって、話者もわたしたちも強く思う。

友香　ゆみ子を思ってて、心の貧しい子になるんじゃないかって、お父さんはたまらないような悲しい気持ちだと言わないけど、そう感じる。

ゆみか　わたしは、お父さんが何かゆみ子にしてあげられないから、くやしいし、何かこう…おこってるんだろうなあと思う。

隆夫　ぼくも、ゆみ子が心の貧しい子になるかもしれないって、お父さんが、ゆみ子の将来を心配して、何か戦争に対しておこってるっていうか、それがすごく強く伝わる。

啓介　何か暗くなる。

武　暗い気持ちでつらいと思う。

智子　どうにもならないなあって思う。

信吾　お父さんと同じで、何とかしてあげたいけど、できないって思う。

久美子　ああ、戦争さえなければなあって思う。

智子　戦争のせいだものね。

T13　今日は、〈いや〉の前と後を対比したり、〈のでした〉の文末に着目したりして、お父さん、お母さの嘆きや不安を学習しました。では、感想を書いてください。

プロセス

ここでは、〈感想を書いてください〉と自由に書いてもらいました。

そのさい、できるだけ題をつけてから書くように指導します。題をつけることで、観点が明確になり、まとまりのある文章になります。

四

ただし学級の実態に合わせて、かみ砕いた発問をしてもいいと思います。たとえば、次のような問いかけで、書いてもらうのです。

・お父さんお母さんを、どう思いましたか。
・お父さんの言葉やしたことから、ゆみ子へのどんな思いがつたわってきますか。
・お父さんのせりふや、行動の意味を考えてみましょう。

◎感想（二場面）

よろこびとは

食べ物とかは、お母さんがぎりぎりいっぱいでご飯をあげられるけど、よろこびは、お母さんの手、お父さんの手であげられない。戦争が続くかぎり。お父さん、お母さんは、それがすごく心配だったんだね。

どの親でも、子の体がたくましく、心が大きく、ゆたかになってほしいよね。お父さんは目の前で、自分の子が子どもらしくない言葉、「一つだけちょうだい」を使っているのを見て、心配だろうね。お父さんがめちゃくちゃに高い高いをするのは、お父さんがおこってるからかもね、戦争にね…。

（智子）

たしかめよみ　三場面（6時間目）

ねらい

▼出征の日、お母さんの言動からお父さんへのやさしい心づかいをとらえる
▼他の見送りの人達と対比して、ゆみ子一家の姿をとらえる。

プロセス

今まで同様に、話者が外から見て語っていることをおさえます。
ゆみ子や両親の様子や気持ちがわかるところや、自分が発見した（気づいた）ところにサイドラインを引き、書き込みしてから発表します。

智子　わたしは〈あまりじょうぶでないゆみ子のお父さんも、戦争に行かなければならない日がやってきました〉のところで、体の弱い人まで戦争にいかなくちゃいけないのは、戦争の終わり頃だと思う。

ゆみか　わたしも、戦争の最後の方は、若い人とかがもういなくなって、お年寄りとか、病気で弱い人まで兵隊にとられたって、本で読んだのね。だから、お父さんは兵隊に行かないでいいはずだったと思う。

隆夫　赤紙が来たんだね。赤紙がきたら、いやでも兵隊にいかないとだめだから、お父さんは行くしかない。

T1　そう、赤紙のこと、前に話したね。

C　覚えてる。／忘れた。

プロセス

徴兵制のことなどをこれまでに触れてきましたが、忘れている場合もあります。しだいに、病人や老人にまで赤紙がくるようになった状況を話しました。
その後、文章をふまえてお母さんのお父さんに対する気づかいを話し合っていきました。それから
―

四

徹　〈まるで、戦争になんか行く人ではないかのように…。〉ってところが、比喩?かな。

紀幸　比喩だと思うけど、何か変な感じがするなあ。

T2　この比喩ね。比喩って何かを別のものにたとえて伝えるんだよ。何を何にたとえてるのかな?

ポイント

わかりにくい比喩なので、まず何を何でたとえているか，その点を明らかにすることが必要です。

紀幸　お父さんを、まるで、戦争になんか行く人ではないかのようにたとえてる?えっ?

（C　あれ?）

T3　お父さん、ていうんじゃなくて、お父さんの様子って考えて。

隆夫　わかった!　お父さんの小さくばんざいしてたり、歌を歌ってる様子を、まるで、戦争になんか行く人ではないかのようにって、様子をたとえてる。

友香　お父さんは一応軍歌に声に合わせてばんざいをしてるけど、小さくだからあまりやる気がないし、歌も小さい声で歌ってて、やる気がない。お父さんが、戦争になんか行きたくない様子が伝わってくる。それを、〈まるで戦争になんか〉って、なんかをつけて言ってる。

T4　そこで戦争になんかって、そういう言い方をしているのは、だれですか。

信吾　話者。

T5　そう、話者はお父さんの様子をそう語ってるんだね。

ゆみか　お父さんの様子を、〈戦争になんかに行く人ではないかのように〉って、そう語ってるのは、話者が戦争になんかっていう気持ちがあるからだと思う。

T6　うん、戦争になんか。わざわざなんかって言ってる。地の文に話者の思いが、出てるね。

プロセス

その後、周りの人達と比較しながら、お父さんお母さんの姿を丁寧に読み進めました。
それから、お父さんお母さんの両方に共通する〝心にもない行為〟について話し合いました。

佳子　お父さんも、お母さんも、周りの人達の中で、それに合わせるように、行動している。何となく周りに合わせないと目立ってしまってまずいっていうか…。

明正　お父さんお母さんの気持ちははっきり書いてないでしょ。でも、したことを見ると、本当の気持ちじゃないのはわかる。だって、お父さんは体が弱いのに戦争に行かなくちゃいけなくなっていやなはずだし、お母さんだって、ゆみ子がまだ小さいのにお父さんが戦争に行っちゃうなんていやでしょ。

崇　いやなのは、決まってるよ。

久美子　お母さんの言葉は、明らかに嘘だよね。

啓介　さっきも言ったけど、ゆみちゃんいいわねえ、お父ちゃん兵隊ちゃんになるんだって、なんて思うわけないじゃん。

紀幸　でも、そういうことを言うんだよ、大人は。思ってなくても。

啓介　なんで？

隆夫　書いてないからわかんないけど、多分、ほんとのことを自由に言えない時代だったんじゃないのかなあって思う。

佳子　お父さんもお母さんも、周りを気にして本当のことを言えない。

ゆみか　戦争中だから戦争が一番で、自分の本当に思ってることは出せない。

T7　うん。戦争中、こういう時代は、本音を言えないんだね。世の中全体が、戦争モードだから思ってることは心の中にしまっておいて、嘘を言うことだってあったんだよ。

通浩　ほんとにいやな時代だね。

ゆみか　そんな時代の中で、ゆみ子の家族がかわいそう。

久美子　ゆみ子の家族だけ、ぽつんと取り残されてるみたい。

崇　でも一生懸命生きてる。

T8　では、お父さん、またはお母さん、または両親をどう思うか、書いてください。書ける人は題をつけて。

◎感想（三場面）

ひっしで生きてる二人

●お母さんが、ゆみ子を泣かせないようにしたのは、お父さんを悲しませたくなかったからだと思う。だからおにぎりをあげたり、ばんざいなんて言ったりしたのに、泣き出してすごくつらかったと思う。体がじょうぶじゃないのに、赤紙で戦争に行かされるお父さん。戦争なんか行きたくないに決まってるけど、そんな様子を見せない。戦争の時代は、みんな本当のことを言えないで生きてたんだな。でもゆみ子のお父さんとお母さんは、戦争の中でもゆみ子を育ててひっしで生きてるんだなあと思いました。（明正）

たしかめよみ　四場面　（7時間目）

ねらい

▼花をもらって喜んだゆみ子とそれを見たお父さんの様子、比喩表現から、戦争をもってしても人間らしさ（美しいものを喜ぶ心）を否定し得ないことに気づかせる。

プロセス

ゆみ子と両親の様子や気持ちがわかるところや、自分が発見した（気づいた）ところにサイドラインを引き、書き込みしてから発表します。お父さんがぷいといなくなってしまったことを異化（何だろう、どうしたのかなと思わせる仕掛に気づく）してから―

遊	〈プラットホームのはしっぽの、ごみすて場のような所に、わすれられたようにさいていたコスモスの花〉が、目立たない所。あまり行かない所。
C	わすれられたようにが、比喩。
徹	同じところで、みんな目をとめないって感じ。
隆夫	
T1	その比喩ね、どんな感じを受けるか、ノートに短く書いて。

ポイント

予定していなくても、大事なことなのに発言がすくない時や、立ち止まってもっと考えてほしい時は、ノートに書かせます。「思いついたことを短く書くだけでいいよ。」と教えるとグッド！

T2	では〈わすれられたように〉、この比喩からどんな感じを受けるか。
C	「だれにもかまってもらえない。」
志保	「見捨てられたような感じ。」
久行	「人があまり行かない場所なので、さいて

ゆみか　いるのに、見る人もいない。」
「だれも見向きもしない場所だから、さいていても、だれにも気づかれない。」

崇　「世話も何もされていない花。」ええっと、戦争中だから、花なんかだれも世話をしていない。

ポイント

この発言から、戦争と関わって考えるようになりました。もし、こういう意見が出ない時は、戦争とつなげて考えようと、指示するとグッド！

紀幸　戦争のことで、花どころじゃない。

千鶴　戦争の時代は、勝つことしか考えていないでしょう。だから「花なんて関係ない」と、書きました。

明正　コスモスなんて、目に入らない。

久行　コスモスなんか、どうでもいい。

崇　戦争の最後の方だから、コスモスどころじゃない。

T3　そうね、戦争一色の頃。

紀幸　色でいえば、戦争は黒で、コスモスは赤とか明るい色。（戦争一色を、文字通り「色」ととらえたようです）

遊　戦争は真っ黒で、コスモスはきれいなピンク色。

武　戦争を色でたとえると、灰色。

佳子　黒。濁った暗い色。

C　コスモスは白や、赤や、ピンク。

啓介　色のことじゃないけど。花なんて、戦争に何の役にも立たないから、ほうっておいたまま。

徹　この頃は、花畑がつぶされて、いもとか、かぼちゃとか作ったんでしょう。

T4　そう、よく知ってるね。

C　ぼくも知ってる、／知ってる。

T5　この頃は花畑がつぶされて、食べるものを作れって、命令されたんです。花作りなんてしているとね、戦争に協力しない「非国民」と、言われたんです。

徹　知ってる！　花だけじゃないよ。きれいな服とかも「非国民」。

C　パーマも。／スカートも。

C　犬を飼うのも。

佳子　歌も勇ましい歌しか、だめって言われた。

信吾　刺繍もとれって、言われたんだよ。

志保　ぜいたくだから、捨てちゃえなんてね。

T6　よく知ってるね。戦争に役立たないものは、全部切り捨てられた。花の話にもどりますが、さっき啓介君が言ってくれたように、花なんて戦争の役に立たないんですね。

紀幸　花畑とか、自分で作っていたくても、兵隊さんが強制的に、かぼちゃとか作らせた。

T7　あら、聞いたことある？房総半島の方でもそうだったの。花作りが盛んで、花畑がたくさんあるんですが、強制的に、無理矢理ってことよ。大切に育てた花畑をつぶして、食料を作れ、と命令されたんです。

C　（しばらく沈黙）

紀幸　でも…でも戦争には役立たなくても、花は心をなごやかにしてくれるのにね。

友香　花を見て心が明るくなって、元気づけられることもある。

隆夫　心を楽しませてくれるものなのに。

T8　そう。そんな心の楽しみ、美しいもの、豊かなものが否定された時代なの。

久美子　花って、「負元物語」の中でもそうだったけど、人間の心をきれいにする力があるのに。

C　いやだね。／もったいない。

T9　この比喩（板書をさして）を、戦争とつなげて意味づけることができましたね。

出し合って読み深めるとグッド！

ポイント

千葉県の学校でもあり、房総の花作りにはどの子も興味を示しました。いろいろな知識をみんなで

プロセス

〈わすれられたように〉という比喩を戦争という状況とつなげて、意味づけた、ということをしっかり確認します。

この後に、お父さんの行為を、前の場面とつなげて意味づける、ということを学習します。

四

T10　さて、次に進みましょう。
志保　お父さんの〈「一つだけあげよう、一つだけのお花、大事にするんだよう……〉のところです。いつも、ゆみ子が食べ物のことばっかりで、「一つだけちょうだい」と言ってて、お父さんがそれを心配していたでしょう。だから、花をあげた時に、食べ物だけじゃない心も、もっていてほしいと願っていたと思う。
T11　いいね。今のように、前の場面とつなげてみて。
友香　わたしも、今までゆみ子は、いつも食べることしか思ってない子だから、お父さんは〈どんな子に育つだろう〉って思って、心の貧しい子になってしまうのを心配してたでしょう。だから、花をあげた時、食べ物じゃない心も、もっていてほしいと願っていたと思う。
一也　お父さんの願いが入ってる。
佳子　それでね、〈お父さんに花をもらうと、キャッキャッと足をばたつかせてよろこびました〉のところで引いたんだけど、ここでゆみ子は、食べ物じゃなくて花でも喜んだでしょう。そういう心も持っていた。
崇　花がきれいだなあって、わかったから喜んだね。
武　ゆみ子が花をもらって、キャッキャッと足をばたばたさせるくらい喜んだのは、うれしくなったからだね。
久美子　花をもらって喜んでるゆみ子って、はじめてじゃないの。
信吾　ゆみ子にも花の美しさがわかった。
ゆみか　花の美しさを感じる心。

ポイント

前の場面でお父さんが〈どんな子に育つだろう〉と心配していたことをふりかえることが大切。

四

T12　うん、美しいものがわかり、それを喜ぶ心があったんですね。

隆夫　前と対比してみると、人間らしい。

ゆみか　お父さんは、はじめてそんなゆみ子を見たんじゃないかなあ。

隆夫　だから、〈お父さんはそれを見て、にっこりわらうと〉となる。つまり、ゆみ子が花を喜ぶのを見て、ってことでしょ。

智子　ゆみ子の心の中に、美しいきれいなものを喜ぶ、人間らしい心があるのがわかってね、今までお父さんはすごく心配だったから、ほっとしたんじゃないかなって思う。

T13　つなげて考えると、美しいものが否定された時代、いつも食べることしか考えないゆみ子、そのゆみ子の中にも、ちゃんと美しいものを喜ぶ、人間らしい心があったんだね。それを見て、お父さんはにっこりわらった。去って行くお父さんの気持ちは書いてないけど、わたし達読者には、ほっとしただろうなあ、と読めますね。前とつなげて考えたからだね。

プロセス

比喩と状況、場面と場面は、直接関係はありませんが、つなげて考えることで、イメージ豊かに読み、意味づけることができるのです。
このあと、ゆみ子とお父さんを見て、心に残ったことを書こうと指示しました。

◎感想（四場面）

●わたしは、同じゆみ子でも、一から三場面と四場面のゆみ子は、全く別人のように思いました。なぜなら、一から三場面では、食べ物のことばっかり言っていたでしょう。でも四場面では、花というものの美しさをわかってくれたのです。それが、もうひとりのゆみ子だと思いました。そんなゆみ子を見て、お父さんはわらったのです。　（友香）

●ゆみ子はいつも、食べ物のことを言ってたけど、お父さんからコスモスの花をもらった時、キャッキャッと喜んで、うれしくなったんだね。ゆみ子の心はちゃんと成長しているね。花畑を作っていたら、「いもとか作れ」といわれていた戦争中でもね。

（武）

四

たしかめよみ　五場面（8時間目）

ねらい

▼平和な中に残る戦争の傷あとに気づかせ、切実に異化体験させる。

▼ゆみ子は明るくけなげに成長していることを、会話などからとらえる。

プロセス

〈それから、十年の年月が～知らないのかもしれません。〉について話し合った後、〈でも、今、ゆみ子のとんとんぶきの小さな家は〉に、進みます。明るさと暗さの二重のイメージで、読んでいきます。

明正――ぼくは、〈でも、今、ゆみ子のとんとんぶきの小さな家は、コスモスの花でいっぱいに包まれています。〉のところで、お父さんがもどらないし、顔も覚えていないんだけれど、そういう悲しいことがあったけど、今はコスモスで包まれているっていうのが、明るくなったと思う。

望　〈コスモスの花で包まれています〉じゃなくて、〈いっぱいに包まれています〉だから、家を包むくらいたくさんの花に囲まれて、幸せな感じがする。

紀幸　戦争中は、花なんてだれも見てなかったっていうか、花なんてぬいて、いもやかぼちゃをうえたから、もう戦争中とは全然ちがうんだなあと思う。

T1　そう、戦争中と対比すると大違いですね。

隆夫　戦争中は、花なんかだれも見向きもしなかったし、花を育てることもできなかったでしょう。それと対比すると、花がいっぱいというのは、もう戦争が終わって、みんなが花を見たり、育てたりする平和な時代になったんだなあって感じる。

千鶴　戦争中と対比すると、花に包まれているというのは、明るくて平和な暮らしのイメージです。

通浩　花でいっぱいはいいんだけど、ぼくは、〈とんとんぶきの小さな家〉のところで、貧しい暮らしだなあと思いました。

ゆみか　わたしも、〈とんとんぶきの小さな家〉のところで、調べたら、戦争の後に建てた粗末な家って書いてあって、戦争が終わって平和になって、今はコスモスに包まれているんだけど、暮らしは貧しいんだなあと思う。

崇　明るい花が包んでくれてるけど、暮らしは苦しいと思う。〈とんとんぶきの小さな家〉だけじゃなくて、その後に〈ミシンの音がたえず、速くなったりおそくなったり〉ってミシンで働いてるわけでしょ。

T2　うん。つなげて考えると、暮らしは貧しくて苦しい感じがするのね。

久美子　お父さんがもどってこないから、お母さんが生活を支えて働いてる。

遊　お父さんがいないから、代わりにお母さんが内職しているんだ。

明正　〈それはあのお母さんでしょうか〉っていうところで、「そうだよ、お母さんががんばってるんだよ。」って言いたくなる。仕掛だね。

T3　うん、仕掛になってますね。

ゆみか　わたしも、お父さんがいない分まで、お母さんががんばってるんだなと思う。だけど、それだけじゃなくて、何かそれよりも〈まるで何かお話をしているかのように聞こえてきます〉ってところから、仲良しで楽しい親子の感じ。

隆夫　〈まるで何かお話をしているかのように〉って、比喩、ぼくも引いたけど、仕事が忙しくて大変だけど、お母さん、やさしい感じ。

T4　その比喩〈まるで何かお話をしているかのように〉ね。

友香　わたしも、お父さんはいないけど、その比喩からお母さんのやさしい感じじゃ、仲良く暮らしている感じがしていいなあと思う。

崇　だけど、いいかなあ。ぼくは、忙しくて大変そうだから、いいとばかりは言えない気がする。優しい感じは、わかるけど、暮らしは大変じゃないかなあ。

徹　でも、ゆみ子が〈「お母さん、お肉とお魚と、どっちがいいの。」〉って、聞いていて、暮らしは豊かな感じがする。

崇　え、それは戦争中と比べたら食べ物が豊かになったんだよ。ゆみ子の家が豊かじゃな

ポイント
一つの形象だけではなくいくつかの形象を響き合わせてイメージと意味を深めることが大事！

ポイント
比喩から場のイメージや人物のイメージをとらえるとグッド！

四

徹　いよ。

崇　だって、どっちでも買えるんだよ。

紀幸　うーん、戦争中は、いもとかかぼちゃとかだったから、肉とか魚とかがあるから、豊かになったんだけど…。

ゆみか　戦争中は配給だったし、少ししかなくておなかをすかしてたけど、戦争が終わって、食料が豊かになったのは確かだね。

佳子　崇君と同じで、食料が豊かになったからといって、ゆみこの家が豊かになったとは思わない。ただ、戦争中よりは、ちゃんとしたものが、食べられるようになったってことじゃないのかな。

T5　わたしも、お父さんはいないし、お母さんが忙しく働いているから、ゆみ子の家が豊かになったとまでは言えないと思う。だけど、ちゃんとした食べ物を食べられて戦争中と比べると、ずっといいと思う。

うん。食料は豊かになったけど、ゆみ子の家が豊かとまではいえない。でも、ちゃんとしたものが食べられるようになったのは戦後だからこそだね。

T6　さて、ゆみ子の様子にも書き込みをしていたね。どうですか。

ポイント

つねに戦争中と対比しながら読むことが大事！少しずつ話題を広げていき、後でつなげていくといいです。

一也　ゆみ子は、日曜日にお母さんのお手伝いをしてて、えらいと思う。

遊　日曜日はふつうは遊ぶけど、ゆみ子は遊ばないで、小さいお母さんになってお昼を作るって、がんばってると思う。買い物も行くし、ちゃんとできる。

啓介　ぼくも、日曜日だと手伝いなんてしないけど、ゆみ子は、お母さんがいそがしいからお手伝いをして、小さいお母さんっていえるぐらいがんばるからえらい。

望　わたしは、ゆみ子は戦争中とちがってすごく成長したと思う。

T7　ゆみ子が成長したってことだね。その、成長って、どんなことが成長なのか、少し話し合って。

> **プロセス**
>
> **簡単に〈成長〉という言葉で表現してしまうと、イメージが広がりません。それで、班で話し合ってから、発表するようにしました。**

信吾　ゆみ子は、戦争中いつもおなかをすかせて、「一つだけちょうだい」って言ってたでしょ。だけど、今は買い物したり、〈日曜日、小さなお母さんになってお昼を作る〉っていうから、すごく成長してる。

佳子　ゆみ子は「一つだけちょうだい」ばっかり言ってて、お父さんもお母さんも、どんな子になるかって、心配してたけど、ちゃんと手伝いができるように成長してよかった。

紀幸　買い物に行く時に、スキップをしながら、っていうのが、すごく明るいって言うか、ゆみ子はのびのび成長した。

ゆみか　お父さんがいないけど、ちゃんとお母さんを手伝ってご飯を作れるように成長してる。お父さんお母さんの願いがかなったんじゃないかな。

久美子　お父さんお母さんの願いは、体も心も育ってほしいってことだったでしょう。その願いがかなって、心も明るくしっかりした子になって、スキップできる元気な体になった。それがゆみ子の成長と思う。

佳子　お母さんと二人で助け合って生きていくようになったのが、成長だと思う。幸せな感じ。

通浩　でも、お父さんがいないから、幸せと言えるのかな。ゆみ子は、「一つだけちょうだい」って言ってたのと対比して、心も体も成長したよね。でも、お父さんに成長したのを見せられないし、お父さんは見られない。お父さんの命はもうもどらないんだよ。

T8　（板書を示しなら）平和、豊か、成長、幸せというような明るいのと、貧しさ、父がいない、母が働く、成長した姿を父に見せられないなど暗いのと、両方あるんだね。ここは、一つの場面で反対のイメージが二重に感じられるところだね。では、戦後のゆみ子、またはゆみ子一家について書いてください。

◎感想（五場面）

ゆみ子とお母さん

ゆみ子は、お母さんの手伝いができるくらいに成長して、二人で助け合って生きているので、すごくよかったです。それに、家はとんとんぶきだけど、まわりにコスモスの花がいっぱいさいてきれいだなあと思います。食べ物もふえて、やっぱり平和だからよくなったなあと思いました。でも、お母さんは、休みなくミシンをかけていて、お父さんの分まで働くのは大変だから、幸せとはいいきれないなあと思いました。おとうさんがいればよかったのに…。（佳子）

四

まとめ読み（9・10時間目）

ねらい

▼戦中と戦後を対比することで戦争の非人間性をとらえ、平和のすばらしさに気づかせる。

▼ゆみ子の成長、人間らしい心、父母の愛情は、戦争でも奪えぬことをとらえる。

プロセス

一場面からの掲示物（板書を簡単に残した模造紙）を手がかりに、全体を振り返りました。
（振り返りの観点は、「ゆみ子一家が、戦中戦後をどう生きてきたか」であることを指示しました。）
その後、戦中戦後も変わらないものに目を向けます。

T1　さて、ひどい戦争の中でも、ゆみ子が成長できたということが、ありましたね。

賢治　子どもの成長は、戦争がどんなにひどくても奪えない。「お母さんの紙びな」でもそうだった。心が成長した。

T2　そう、戦争をもってしても奪えなかったね。では、ひどい戦争の中で、ゆみ子が成長できたのはなぜでしょう。班で話し合ってから、ノートに短く書いてください。

隆夫　ゆみ子自身の力と、お父さんお母さんの愛情、願いでここまで成長できたと思う。

志保　いつも変わらずにゆみ子を思って、せいいっぱい育てたお父さんお母さんの愛情と、心の豊かに人になってほしいという願い。

ゆみか　いつも心配して、心の豊かな子に、美しいものを大事にする子に……と願いをこめてゆみ子を愛したお父さん。それに、一つ一つと食べ物をくれたり、戦後は働いてくれたお母さん、二人の愛情がつながって成長

T3　できた。でも、成長は親の愛情だけではできない。子どもの力だけでもできない。この二つが重なってできるんだね。「変わらずに」とか「いつも」とかいう言葉が多かったね。

隆夫　ゆみ子のお父さんとお母さんは—

T4　いや、少し一般化して言ってみて。「人間は」とか「親は」とかね。

ポイント

「お父さんお母さんは」、という言い方から「人間は」、「親は」に切り替えて、一般化するとグッド！

隆夫　親の子を思う気持ち、愛情は、ずっとずっと変わらないもの。戦争でも、それはつぶせないくらい強い力があると思う。

和枝　親が、子の体も心も、豊かに育ってほしいという願いも。

智子　先生、戦争のお話はみんな、愛情とか願いは奪えないって言ってる気がする。「お母さんの紙びな」も「夜のくすのき」もそうだし。

崇　みんな、戦争がどんなにひどくても、人間の愛情や願いの強さはこわせないって言いたいんだ。

啓介　人間の心の強さだよ。

T5　そうですね。さて、もう一つ、今までの物語でやらなかったこともあるよ。

C　何？何？

久美子　わかった！　美しいものをわかる心。

友香　美しいものをわかる人間らしい心は、戦争でもこわせない。美しい絵とか、音楽とか、ここでは花だけど、いろんなものが戦争中禁止されたよね。でも、どんな暗い状況でも、美しいものをいいなあと思う人間の心は、奪えない。ゆみ子がちゃんと花を喜んだように、人はそういう本当の心を持ち続けるんじゃないかな。

T6　うん。（板書を指して）この三つ（子の成長、親の愛情、美しいものをわかる人間らしい心）、まあ三つともつながり合っています

四

けどね、ずっと変わらずにあり続けた。戦争の物語に限らず、変わったものは何か、変わらずにあり続けたものは何か、そういう見方で、ものごとを見てみるといいね。

プロセス

最後に題名について、意味づけをしました。物語の具体から一般化して読んだあとは、自分に引き寄せる読み＝典型化をめざします。この実践では、典型化が足りず反省しています。「わたしの親は」と、親の愛情について考えるなど、いろいろな典型化が可能です。

T7　では、最後に題名の「一つの花」は、何を表しているか、意味を考えてみましょう。

信吾　お父さん、お母さんがゆみ子にあげた愛情がいっぱいつまっている花。お父さん、お母さんの愛情。

通浩　愛情と願いがこもってて、「一輪の花」だと普通の花だけど、思いがこもっているから「一つの花」にした。

志保　お父さんが、大事にするんだようっと言ったのは、その時わたしした花のことじゃなくて、がつがつしてたゆみ子だから、美しいものを大事にしてほしいという願いでしょ。だから、ちゃんと豊かな心をもって生きていってほしいという願いの意味。

紀幸　コスモスは、どんな所でも咲く強い花だから、ゆみ子みたいな感じ。ゆみ子は、お父さんがいなくてもくじけずに育ってる。だから、「一つの花」にした。

明正　一つの花が、たくさんの花につながって、ゆみ子を包んでいるからと思う。

ゆみか　全部こもっていると思う。親の愛情も、ゆみ子の成長も、美しいものがわかる人間らしい心も。「一つの花」は、ずっと変わらないというか、奪えないものという感じ。

隆夫　花は戦争中はだめっていわれて、戦後には、コスモスの花がゆみ子達を包んでいたから、平和な世界の感じがする。大事な平和。

T8　ひとりひとり、すばらしい意味づけですよ。題名というのは、内容と深く関係がある。願いや、愛や、いろんな伝えたい思いがこめられているんですね。そして読者に訴える働きがあるんです。明日、終わりの感想を書きますよ。

まとめ（11・12時間目）

◎おわりの感想

どんな時でも…　**ゆみか**

①じょうきょうがどんなに真っ暗で、行動が変わっても、心はうばえない。だって動作は見えるから、軍隊の命令とちがうことをすれば、ぶんなぐられて非国民にされる。しかし、心はどんなことをしたって、その人が持ち続けるものだから、うばえない。

ゆみ子は、一つのコスモスをもらって喜んだ。人間の本当の心があったからこそ、喜べた。人間は、美しい音楽、花、絵、そういうものを見ていると、心が落ち着き、うれしくなる。その落ち着けるのは、心があるからだ。心はたとえじょうきょうがきびしく、暗くてもうばえやしない。

②ゆみ子はなぜ成長できたのか。それは、両親の愛情と、ゆみ子の力が戦争に負けず、戦ってきたからだ。そして十年後、お母さんの手伝いができるほど、りっぱに成長した。十分の八の平和と、十分の二のきずあとの中で…。ゆみ子は自分のお父さんを覚えてないなんて…。悲しいことだよね。

ⓛ戦争って、本当にいやだな。たくさんの人やものをうばっていく…。でも、この話は、心はうばえないことを、表しているね。

ゆみ子の成長

崇

①「一つだけちょうだい」これが、ゆみ子の最初に覚えた言葉だった。ゆみ子は、いつもおなかをすかしてねだっているうちに、知らぬまにお母さんの「一つだけ…」の口ぐせを、覚えてしまったのだ。ぼくはかわいそうな感じがします。お父さんお母さんは、ゆみ子を大事に育てていた。だからお父さんお母さんは、喜びなんて一つだってもらえないんじゃないかと、ゆみ子の心を心配している。そして大きくなって、どういう人になるかということまでも心配しているんだ。お父さんは、みんなのお父さんたちと同じふうに心配しているんだと思う。よっぽど親は子を心配するということが、わかったよ。

②でも、そんなお父さんもうばう。戦争も最後の方、あまりじょうぶでないゆみ子のお父さんまで行くようになってしまった。

お父さんは、最後に一つのコスモスをあげて行ってしまった。ゆみ子はまだ小さいから、わからなかったと思う。でも、お母さんは、戦争がお父さんをうばったんだと心の中でどなっているんじゃないか。

それに戦争は、お花畑をいも畑とかに変えてしまった。ぼくはひどいと思う。それに、音楽も、軍の人に軍歌みたいな歌を書けと言われて変えられる。絵も軍の人にかけと言われる。ほかにもいっぱい、軍の命令でいろいろ変えられて、みんな思うようにできない。戦争のせいで、みんな変えられてしまう。それでも、人間の心や思いは、戦争なんかじゃ変えられないとわかった。

③もうひとつ、変えられなかったのは、ゆみ子が成長していることだ。小さい時は、食べることばっかりだった。でも、戦争が終わったら、ちゃんと成長していた。それはお父さんに喜びをもらったし、お母さんからあいじょうをもらったから、成長できたんだとぼくは思う。

Ⓛ戦争はいっぱいの命や物をうばう。けれど戦争でも、空しゅうでも、原ばくでも、あいじょうや成長はうばえない。（Ⓛは、しめくくり）

【著者】
辻　恵子（千葉文芸研・松戸サークル）

【シリーズ編集委員】五十音順　＊は編集代表
上西信夫（千葉文芸研・松戸サークル）
曽根成子（千葉文芸研・松戸サークル）
辻　恵子（千葉文芸研・松戸サークル）
山中吾郎（千葉文芸研・大東文化大学）＊

文芸研の授業シリーズ ②
一つの花

2016年12月5日　初版1刷

著　者　辻　恵子
編　集　文芸教育研究協議会
発行者　伊集院郁夫
発行所　㈱新読書社
東京都文京区本郷5-30-20　〒113-0033
電話：03-3814-6791　FAX：03-3814-3097

デザイン・組版　追川恵子　　印刷　日本ハイコム㈱
ISBN978-4-7880-2114-3

【文芸研の授業シリーズ】

① たぬきの糸車　斉藤鉄也 著

② 一つの花　辻 恵子 著

★以下、「授業シリーズ」発刊予定

おおきなかぶ
くじらぐも
お手紙
スーホの白い馬
かさじぞう
モチモチの木
ちいちゃんの
サーカスのライオン
ごんぎつね
世界一美しいぼくの村
太造じいさん
わらぐつの中の神様
注文の多い料理店
やまなし
海の命
川とノリオ